ELOS DE ÓDIO

CB016876

EDITORA EME

Solicite nosso catálogo completo, com mais de 350 títulos, onde você encontra as melhores opções do bom livro espírita: literatura infantojuvenil, contos, obras biográficas e de autoajuda, mensagens espirituais, romances, estudos doutrinários, obras básicas de Allan Kardec, e mais os esclarecedores cursos e estudos para aplicação no centro espírita – iniciação, mediunidade, reuniões mediúnicas, oratória, desobsessão, fluidos e passes.

E caso não encontre os nossos livros na livraria de sua preferência, solicite o endereço de nosso distribuidor mais próximo de você.

Edição e distribuição

EDITORA EME
Caixa Postal 1820 – CEP 13360-000 – Capivari-SP
Telefones: (19) 3491-7000 | 3491-5449
Vivo (19) 9 9983-2575 ☺ | Claro (19) 9 9317-2800
vendas@editoraeme.com.br – www.editoraeme.com.br

RICARDO ORESTES FORNI
ROMANCE ESPÍRITA

ELOS DE ÓDIO

Capivari-SP | 2019

Os direitos autorais desta obra foram cedidos pelo autor para a Editora EME, o que propicia a venda dos livros com preços mais acessíveis e a manutenção de campanhas com preços especiais a Clubes do Livro de todo o Brasil.

A Editora EME mantém o Centro Espírita "Mensagem de Esperança" e patrocina, junto com outras empresas, instituições de atendimento social de Capivari-SP.

1ª edição – junho/2019 – 4.500 exemplares

CAPA | André Stenico
DIAGRAMAÇÃO | vbenatti
REVISÃO | Sônia Rodrigues Cervantes

Ficha catalográfica

Forni, Ricardo Orestes, 1947
    Elos de ódio / Ricardo Orestes Forni – 1ª ed. jun. 2019 – Capivari-SP: Editora EME.
    240 p.

    ISBN 978-85-9544-109-5

1. Romance espírita. 2. Lei de causa e efeito.
3. Deformidade física de nascença. 4. Lei do perdão. I. Título.
                                                    CDD 133.9

Reconciliai-vos o mais depressa com o vosso adversário, enquanto estais com ele no caminho, a fim de que o vosso adversário não vos entregue ao juiz, e que o juiz não vos entregue ao ministro da justiça, e que não sejais aprisionado. Eu vos digo em verdade, que não saireis de lá, enquanto não houverdes pago até o último ceitil.
(Mateus, cap. V, v. 25-26)

Feliz, pois, aquele que pode cada noite adormecer dizendo: Nada tenho contra o meu próximo.
(Simeão, Bordéus, 1862) – E.S.E., cap. X

O ódio é o filho predileto da selvageria que permanece em a natureza humana. Irracional, ele trabalha pela destruição de seu oponente, real ou imaginário, não cessando, mesmo após a derrota daquele.
Joanna de Ângelis (*O homem integral*)

SUMÁRIO

A PESSOA-BOMBA

INFELIZMENTE, VEEM-SE NOS noticiários da imprensa escrita e televisionada notícias lamentáveis de explosões de carros-bomba ou de homens e mulheres com cargas de explosivos atados aos próprios corpos, visando destruir a outros seres humanos.

A maior vítima, quando a carga mortal é detonada, é aquela que a traz presa ao próprio corpo ou dentro do veículo assim preparado para a finalidade de destruir e destroçar a tudo e a todos em determinada área.

Exemplo marcante desse fato foram os edifícios do Word Trend Center nos Estados Unidos. Quantas vítimas! Quantas vidas ceifadas em uma fração de segundos!

Não é difícil imaginar o estado de destruição a que fica reduzido o corpo que está mais próximo da carga letal. E esse corpo é exatamente daquele que transporta o material destinado à destruição.

Trouxemos essa imagem para fazer uma comparação com o ódio. A maior vítima daquele que odeia não é a pessoa que se transforma num desafeto, mas aquela na qual o ódio nasce. Funciona esse sentimento como um verdadeiro carro-bomba onde o motorista é o maior atingido. O mesmo ocorre quando o próprio corpo é o veículo que transporta o material destinado à destruição. Dessa pessoa propriamente dita só restam retalhos humanos irreconhecíveis.

Quando alguém se permite odiar, implode a carga vibratória negativa contra si mesmo num primeiro segundo, atingindo diversos órgãos do seu corpo através de mecanismos variados. Contudo, o resultado é sempre o mesmo: destruição da saúde física e emocional daquele que odeia.

Lembramo-nos de uma passagem da vida de Chico Xavier, o apóstolo do amor no século XX, em que ele se dirigia apressado ao trabalho para o sustento próprio e dos seus familiares quando uma senhora interceptou seu caminho desejando trocar algumas palavras de orientação com ele. Chico, fiel às suas obrigações junto ao emprego, pediu desculpas e se colocou à disposição daquela pessoa em outra ocasião, justificando-se pela necessidade de cumprir o horário que tinha para seus compromissos.

Entretanto, mal deu alguns passos, recebeu a orientação de Emmanuel que voltasse e dedicasse alguns minutos de atenção àquela pessoa.

Chico, como sempre, aquiesceu e escutou a conversa rápida da mulher. Despediu-se e continuou seus passos sob as vibrações de gratidão da que recebera a sua atenção que, alegre e sorridente, dizia: "Vá com Deus, Chico!"

Emmanuel, novamente orientou ao Chico que olhasse em direção da senhora, contente por ter conversado com ele. Dela partiam emanações luminosas nascidas do sentimento de gratidão.

Emmanuel, então, completou a sua lição: "Chico, a senhora agradecida emite energias positivas para você. Imagine o que dela partiria caso você não a tivesse atendido!"

Desse pequeno episódio podemos avaliar quais as vibrações que o agressor emite quando movido pelo sentimento de ódio. Quando permitimos que ele nasça em nós, já começa destruindo o seu local de origem, ou seja, aquele que se predispõe a odiar. Somos a primeira e maior vítima do ódio e não a pessoa contra quem lançamos esse lamentável sentimento.

Por quanto tempo mais continuaremos a ser a *pessoa--bomba* que agride violentamente a si mesma no cultivo desse desequilíbrio?

> *"O sacrifício que vos obriga a amar aqueles que vos ultrajam e vos perseguem é penoso; mas é precisamente isso que vos torna superiores a eles; se vós odiais como vos odeiam, não valeis mais do que eles."*
>
> **E.S.E., (Fénelon, Bordéus, 1861)**

A DISFORME

– NÃO! TIREM esse monstro de perto de mim! Ela não irá mamar em meu peito! – gritava Rosimeire afastando-se da criança recém-nascida que apresentava terrível deformidade em seu corpo físico, em seu quarto do hospital.

Ritinha, a filha, havia nascido com o corpo desfigurado, torcido como se fosse um parafuso e que causava asco à própria mãe.

A avó, dona Cândida, que lhe havia sugerido o nome – Ritinha – já que era devota de santa Rita de Cássia, tinha confeccionado todo o enxoval desde que soube da gravidez da filha e percebera um grau de insatisfação incompreensível em Rosimeire quando esta tomou conhecimento da maternidade em curso, buscava interferir em favor da neta:

– Rosimeire! Tenha piedade de sua própria filha que acabou de nascer!

– Não é minha filha, mamãe! É um monstro que eu não gerei! Isso aí não saiu do meu ventre! Aliás, se eu soubesse que era *isso* que iria nascer, teria dado um jeito antes...

– Meu Deus! Que sentimentos são esses?! Essa criança veio ao mundo com essa deformidade pelo consentimento de Deus, minha filha! Não lhe negue o alimento para a sua sobrevivência! Que culpa a infeliz tem de ter nascido com essa deformidade?! Imagine o quanto irá sofrer!

– Não sei e não quero saber! Longe de mim com esse monstro! Vou mandar dar um *jeito* nessa infeliz para que não envergonhe nossa família.

– Não fale desse jeito, minha filha! Ela não é um objeto sem vida, sem sentimentos. Devemos ampará-la ao invés de alimentar sentimentos de rejeição e asco contra esse ser infeliz, Rosimeire.

– De maneira nenhuma! Não gerei esse monstro e não a aceito como filha! Por favor, mamãe! Leve-a daqui e para bem longe. Não quero vê-la nunca mais! Nunca mais!

– Mas a criança poderá morrer por falta de alimento! Isso não lhe dói na consciência? Não toca o seu coração? Como irá sobreviver se a própria mãe lhe recusa do seu leite?! Pelo menos até ser batizada, não lhe negue seu leite. Se ela morrer pagã, irá para o limbo* como ensina a nossa religião!

– Já disse: não sou mãe desse monstro! Suma com ela daqui senão eu arrumarei um jeito para que isso aconteça! Por favor, mamãe! Não insista!

------

* Nota do autor: a ideia de uma região denominada pela Igreja católica de limbo e destinada às crianças que morressem sem o batismo, só foi extinta em 2007 e o drama relatado se passa no início do século XX.

– Vamos, então, tirar um pouco do seu leite e colocar numa mamadeira para que ela possa ser alimentada, Rosimeire. Não a condene à morte por falta de um mínimo de alimento! A criança não entrará em contato com você. Ordenhamos o seu seio e coletamos o leite para administrar a ela. Não se aproximará do seu corpo. Não irá *contaminá-la* como você pensa, minha filha.

– Pois estou fazendo um favor a essa *coisa*. Melhor que morra logo, assim se livrará dos sofrimentos que certamente terá que enfrentar.

– Mas Deus quis assim, Rosimeire! Não temos o direito de decretar a morte da criança!

– Confesso que não entendo muito desse seu "Deus", mamãe. A vida tem muitos fatos que falam contra a existência d'Ele!

– Rosimeire, minha filha! Agora você está blasfemando!

– Ora, mamãe! Falar a verdade é blasfemar?! Vamos tomar o exemplo que nasceu do meu ventre. Por que seu "Deus" permitiu que ela nascesse assim no meio de tantas pessoas sem problemas? Será que o seu "Deus" quis *premiá-la* com tal deformidade?

– Rosimeire, não devemos discutir ou cobrar sobre a vontade d'Ele. Não temos o direito de interpelar a Providência Divina.

– E por que não, mamãe? Se Ele nos deu inteligência é para raciocinarmos inclusive sobre Ele mesmo! Ou será que tem algum segredo que não podemos descobrir a exemplo do tal paraíso com a árvore do fruto proibido que Eva fez Adão comer e por isso estamos todos aqui até hoje nesse mundo? Talvez as crianças acreditem nessa história sem pé nem cabeça! Como podemos ser expulsos de um paraíso, por esse Deus, por erros de outras pessoas?! Francamente, mamãe, não dá para aceitar!

– Que Deus te perdoe as blasfêmias, minha filha!

– Ora, mamãe. A senhora mesma é uma prova da injustiça divina!

– Eu?!

– Sim! A senhora! Por que Ele permitiu que o papai fizesse com a senhora o que ele fez quando...

– Por favor! Não me force a relembrar esses fatos do passado que me marcaram para sempre!

– Está vendo?! Onde Deus estava naquela hora?!

– Não sei explicar, mas continuo confiando n´Ele.

– Está vendo? É a fé cega, que não raciocina, que é proibida de pensar. Proibir de pensar um ser a quem Ele deu a inteligência como o ser humano, não faz nenhum sentido!

– Vamos voltar ao nosso assunto do momento presente, Rosimeire. Forneça um pouco do seu leite para a sua filha enquanto pensamos em algo mais humano para fazer com ela. Matá-la de fome é atitude que nem animais são capazes de ter.

– Mamãe! Já falei para a senhora. *Isso* que nasceu não é um ser humano e nada tenho a ver com esse monstro. Suma com essa *coisa* daqui, por favor! Não me envergonhe! Como já disse, se tiver algum escrúpulo em sumir com *isso*, eu mesma o farei!

– Meu Deus! Tende piedade de nós! Cada vez mais entendo por que Jesus, ao ser crucificado, rogou perdão a todos os seus algozes. Precisamos do seu perdão a todo o momento, Senhor!

– Eu não preciso, mamãe. E se precisar, a culpa é d´Ele que permitiu nascer uma *coisa* dessas! Afinal, vocês não dizem que não cai uma folha de uma árvore sem que Ele consinta? Pois, então! Cobre d´Ele o fato desse ser, que não sei o que é, existir!

– Não posso levá-la comigo para casa. Você sabe muito bem que seu pai não aceitaria. Orgulhoso como é, Afonso jamais permitiria!

– Pois, então, tenho a quem puxar! Suma com essa menina, ou seja lá o que *isso* for, da minha frente, por favor! Aliás, gostaria de perguntar a seu Deus o que foi que eu fiz para gerar essa monstruosidade!

– Não é um monstro, Rosimeire! Chama-se Ritinha.

A moça gargalhou diante da colocação materna e exclamou:

– Pois sim! Esse ser em seus braços é humano para ter um nome?! – disse ironicamente e tornou a gargalhar.

Nos braços da avó, Ritinha esboçava uma espécie de gemido em forma de um choro muito fraco. Gemia de fome ou atingida pelos sentimentos violentos daquela que deveria acolhê-la como mãe?

A menina tinha um rosto normal. Porém, do pescoço para baixo seu tronco ia se retorcendo como se fosse um parafuso malformado. A deformidade atingia-lhe até os pés que seguia o retorcimento iniciado no pescoço e que se estendia pelo resto do frágil corpo acolhido no enxoval confeccionado pela avó.

Perante a atitude da filha, dona Cândida relembrava a repulsa que a gravidez impusera à filha Rosimeire desde o início, o que a levou a providenciar as roupinhas da criança e a pensar em um nome para ela.

Quantos mistérios a vida do ser humano abrigava! Rosimeire rejeitara a gravidez desde o seu princípio. Que mal fizera aquela menina, deformada dessa maneira, à própria mãe para incompatibilizá-la desde a notícia de estar ela grávida? Não dera o braço a torcer diante as indagações de Rosimeire, mas ela também pensava na razão de uma criança inocente vir ao mundo naquela situação!

Recusada pela mãe. Defeituosa para o resto de uma vida que poderia ser mais ou menos longa e que imporia a Ritinha sofrimentos indescritíveis!

"Por que daquilo tudo, meu Deus?!" – pensava em silêncio para não complicar ainda mais a situação.

"Entretanto, não cabia a ela questionar os motivos da Providência Divina. Cabia-lhe tudo fazer para que a vontade de Deus se cumprisse na Terra." – raciocinava em seu íntimo dona Cândida com a criança em seus braços, enquanto buscava em si mesma uma solução para o problema.

"O que não podia, de maneira nenhuma, era abandonar um ser naquela situação no deserto sentimental do mundo dos homens!" – pensava a mãe de Rosimeire enquanto estreitava a neta nos braços.

MEA CULPA**

– PREZADOS COMPANHEIROS da longa jornada evolutiva em busca da perfeição para a qual a Bondade Divina nos criou um dia, estamos tomando contato com mais um drama doloroso que vitima o ser humano, espírito reencarnado para novas lições na escola abençoada do planeta, que retorna a um novo corpo, a uma nova vestimenta física para recolher da vida o que na vida semeou.

Esse espírito que orientava um grupo de aprendizes sob sua responsabilidade era irmão Virgílio, com a devida dose de experiência para transmitir aos companheiros que o acompanhavam os ensinamentos necessários à compreensão das aparentes desigualdades e dores encontradas nos quadros lamentáveis que o livro da vida contém em suas incontáveis páginas.

– Pelas palavras de revolta de Rosimeire podemos ter uma pálida ideia do quanto ainda não compreendemos sobre Deus e Suas impecáveis Leis. E para que possamos dialogar de uma forma suave e democrática, deixo em aberto

---

** Nota do autor: frase latina que significa em português: minha culpa.

a todos o espaço para as perguntas que quiserem fazer com o objetivo do aprendizado que a bondade de Deus nos proporciona, visando com isso que não venhamos a incorrer nos mesmos erros dos irmãos que por ora observamos.

Como as dúvidas surgidas eram muitas, da observação daquela conversa entre a mãe e filha, as perguntas não tardaram a começar:

– Irmão Virgílio, dona Cândida falou sobre a região denominada de *limbo* pela Igreja. O que seria exatamente essa região? – perguntou um dos aprendizes.

– O *limbo* foi uma concepção do ser humano como muitas outras e não uma criação real de Deus. Essa região de localização indefinida era concebida para explicar a situação das crianças que desencarnassem sem o batismo, também instituído pelos homens. Ali elas ficariam em um lugar que não era o inferno, como também não era o céu concebido pelos homens.

– Pelos homens?! Mas João Batista não batizou ao próprio Jesus? – tornou a indagar o mesmo aprendiz.

– Jesus deixou-se batizar por João Batista para fornecer mais uma prova de que ele era o enviado de Deus. As Escrituras descreveram com detalhes várias características pelas quais o povo daquela época deveria reconhecer o Mensageiro do Pai.

"Naquele tempo não eram raros os que se apresentavam como profetas do povo judeu que vivia sob o domínio dos romanos. Por isso mesmo, o verdadeiro Messias daria os sinais necessários para ser reconhecido e não confundido com os falsos profetas.

"Como constava que o Enviado de Deus ao povo judeu seria batizado nas águas do rio Jordão, Jesus deixou-se batizar por João Batista para que se cumprisse mais um sinal da profecia sobre ele, permitindo aos homens daquela época reconhecê-lo. Tanto que João afirmava que ele não era digno daquele ato. Que ele, João, é quem deveria ser batizado e não batizar a Jesus. Mas Jesus insiste em ser batizado para que não pairasse nenhuma dúvida de quem seria ele. Se recusasse aquela atitude, não faltariam aqueles que o acusariam de ser um falso profeta que os antigos afirmavam que seria batizado por João nas águas do rio Jordão."

– Que espírito verdadeiramente grandioso é Jesus. Curvar-se para o ato do batismo para não deixar nenhuma dúvida aos homens daquela época e das épocas vindouras! – comentou o aprendiz.

– E não foi só isso. Jesus a ninguém batizou. Nem aos seus discípulos, aos seus parentes mais próximos como a sua própria mãe. Não batizou a nenhuma das pessoas a quem atendeu em suas necessidades e momentos de desespero. Portanto, como dissemos de início, muitas coisas foram criadas pelos homens e não por ele que foi o representante máximo de Deus na Terra.

– Irmão Virgílio, voltando ao assunto da região denominada *limbo*, podemos também concluir que jamais a Justiça de Deus lançaria nessa região, caso ela existisse, um filho Seu que tivesse desencarnado sem batismo, porque essa criatura não teria culpa de não ter sido batizada. Essa responsabilidade caberia a seus pais e não a ela mesma, de tal forma que Deus não cometeria esse tipo de injustiça – observou um outro aprendiz.

– Muito bem colocado. Respondemos apenas pelos nossos atos e jamais pelos atos alheios. Se o *limbo* existisse como na concepção humana, jamais a Justiça perfeita destinaria para esse local alguma criança desencarnada por falta do batismo que, como vimos, é um ato de formalidade também criado pelo homem – completou Virgílio.

– Gostaria que o senhor comentasse sobre as acusações de Rosimeire sobre as injustiças que na opinião dela seriam cometidas por Deus, citando como exemplo a própria filha nascida com o defeito físico, o que a levou a repelir a filha – levantou esse questionamento outro componente do grupo.

– Ah! Como é lamentável ouvir tal colocação quando não somos capazes de perceber a quantidade enorme de bênçãos com as quais a Providência Divina nos envolve a cada segundo de nossas vidas!

Fez uma pausa como se estivesse meditando e passou a explicar:

– Somos incapazes de compreender a perfeição do Criador, o que é muito natural. Afinal, como pode um ser imperfeito compreender a perfeição absoluta? Como pode um ser limitado como somos compreender o Ilimitado?

"O que ocorre é que o ser humano criou um deus a sua imagem e semelhança, ou seja, transferiu para esse deus as imperfeições que nos caracteriza.

"Tomemos para exemplo o Deus de Moisés que era

vingativo, mandava passar a fio de espada os inimigos, que tinha um povo preferido, que era o povo hebreu, que auxiliava o exército dos seus protegidos a derrotar os povos inimigos e tudo o mais que queiramos levar em consideração daquele Deus.

"Veio Jesus e nos apresentou um Deus que é um Pai de amor! Que ama a todos da Sua criação! Não tem preferidos. Que a todos convida para o caminho da evolução, quando, então, seremos felizes de uma maneira plena.

"Essa foi a religião que Jesus nos ensinou e viveu. As religiões que foram surgindo e se constituindo foram criação do ser humano. Como esse ser humano é imperfeito, acrescentou imperfeições aos seus conceitos religiosos.

"Surgiu a ideia de um inferno que teria sido criado por Deus onde aquele que errasse gravemente seria nesse local atirado após uma única existência na Terra!

"Como pode o Amor absoluto criar o sofrimento sem fim? Como poderia uma mãe ir para o céu eterno onde estaria mergulhada numa felicidade sem fim e continuar nesse paraíso enquanto um filho seu fosse destinado a esse tal de inferno que o homem inventou?

"Para não nos alongarmos muito, em resumo, a revolta de Rosimeire e de muitas outras pessoas que não compreendem a grandiosidade de Deus, em parte vem desse conceito de que Ele seria capaz de punir. Deixaria de amar Suas criaturas diante da pessoa que apresentou erros graves e as enviaria para o sofrimento eterno. Com esse conceito absolutamente inconciliável com a bondade do Criador, a pessoa acredita que Ele seja capaz de castigar.

"Mas, consideremos que muito pior do que essa visão absurda da Providência Divina é a ideia de que somente vivemos uma única vez! E depois de uma única existência, que às vezes é tão curta, o julgamento final! Dependendo da situação: paraíso ou inferno eterno! Mas que lamentável absurdo!

"Como julgar a Seus filhos, imperfeitos como somos, com base numa única existência aqui na Terra que, às vezes, dura apenas alguns dias ou horas?

"Se fosse assim, melhor seria que todos desencarnassem logo após o nascimento, pois assim não teriam tempo suficiente para errar e iriam todos para o céu.

"Quem vivesse até a velhice na verdade estaria no prejuízo! Viveu mais, teve mais oportunidade de errar e ganha como *prêmio* a chance de ir para um inferno sem fim!

"Essa ideia de uma única existência aqui na Terra e depois o julgamento final levou e leva muitos a descrerem totalmente de Deus! É só atentarmos para as mais diferentes condições de vida em que uns possuem muitas facilidades e outros muitas dificuldades, para chegarmos à conclusão de que Deus não é justo! Claro que não! E por isso mesmo é que as coisas não acontecem dessa maneira.

"Temos inúmeras existências e uma só vida! Uma vez estamos dentro de um corpo material matriculados em uma das inúmeras escolas do Universo para darmos prosseguimento a nossa evolução, e outras vezes ficamos durante um certo tempo desencarnados. Ou seja, a vida é sempre a mesma para o espírito imortal a partir do dia em que foi criado. As existências em um corpo físico variam ao infinito dependendo de como cada um caminha, mais ou menos lentamente na senda evolutiva."

– É por isso que Rosimeire acha que Deus é injusto ao contemplar a filha toda deformada! – observou um dos aprendizes. – Por que a criança nasceu dessa maneira se tantas outras nascem normais, não é assim irmão Virgílio?

– Exatamente. Para quem acredita que a vida começa no berço e termina no túmulo, não existe tempo nesse curto espaço para explicar as aparentes injustiças que a vida exibe constantemente.

– Devo entender que os acontecimentos tristes da vida são consequências de alguma atitude dessa existência ou a colheita de outras anteriores, irmão Virgílio?

– Ou aceitamos essa verdade ou somos forçados a concluir pela inexistência de Deus, meu filho. Como poderia o Pai privilegiar a uns e prejudicar a outros quando escolhesse ao acaso quem viria ao mundo perfeito ou portador de uma deformidade física ou mental? Uns mergulhados no dinheiro farto e outros na miséria extrema. Uns dotados de inteligência invejável e outros mergulhados no retardamento mental. Sem a aceitação de múltiplas, de inúmeras existências, não conseguiremos compatibilizar as aparentes injustiças que a vida se nos apresenta com a Bondade, com a Misericórdia e, principalmente, com a Justiça Divina. Por isso nossa irmã Rosimeire esbraveja injustamente contra o Criador.

– Sendo Jesus nosso Mestre, irmão Virgílio, temos que considerar se ele aceitava essa ideia de muitas existências aqui na Terra? – comentou outro presente.

– E como, meu filho! E como. No seu encontro com Nicodemos, Jesus foi categórico ao afirmar que ninguém entraria no reino dos céus sem nascer de novo. Nicodemos não entendeu como poderia ele sendo um homem velho voltar ao ventre materno para essa façanha. Jesus explicou-lhe que a carne é fruto da carne e o espírito é fruto do espírito. Somos herdeiros de nós mesmos. Recebemos de nossos pais terrestres um novo uniforme para frequentar a escola da Terra, mas somos nós mesmos, espíritos imortais, retornando ao educandário que se faz necessário.

"E não foi somente nessa ocasião, não! Quando caminhava com seus discípulos perto da localidade de Cesareia de Felipe, Jesus pergunta a eles quem o povo achava que ele, Jesus, fosse.

"Os apóstolos responderam que uns achavam que ele seria Elias que havia retornado, outros citavam Jeremias, muitos ainda o consideravam algum dos antigos profetas que teria voltado. Ora, se Jesus não concordasse com a ideia do retorno de um espírito a um novo corpo, ele teria contestado na hora. Mas, não. Jesus não disse que era impossível que ele fosse um dos antigos profetas. Portanto, concordou com a possibilidade do retorno a um novo corpo."

– E se Jesus aceitava essa ideia do retorno a uma nova existência, por que essa ideia ainda não encontra unanimidade entre os homens após mais de dois mil anos de cristianismo? – ponderou outro presente.

– Lembra-se quando dissemos que Jesus não deixou nenhuma religião a não ser a vivência do amor incondicional? Lembra-se quando afirmei que as religiões eram criação de homens falíveis e, portanto, sujeitas a erro? Pois então, à medida que essas religiões foram surgindo, os homens aboliram a ideia do mesmo espírito retornar a um novo corpo por razões que não nos cabe discutir no momento. Esses homens decretaram que isso era impossível. Passaram por cima da autoridade de Jesus como se tivessem esse direito. Por isso que a ideia do retorno não é aceita pela maioria das religiões. Entretanto, aquilo que é verdade permanece inabalável e um dia surgirá à tona com toda a força como sempre acontece com aquilo que é verdadeiro. A verdade sempre permanece por mais que o homem a combata como nos demonstra a história da humanidade.

– Irmão Virgílio, Rosimeire sugeriu que a própria mãe teria sido esquecida por Deus. Por qual motivo? – acrescentou outro.

– Bem. Temos um longo caminho para entendermos o momento presente de Ritinha e dona Cândida. Se estiverem dispostos a compreender o presente, teremos que retornar a um passado muito remoto. Teremos que retornar à época da Inquisição, em que homens falíveis impunham aos seus semelhantes sofrimentos lamentáveis, cujos ecos podem repercutir até hoje no drama de cada um.

– Irmão Virgílio, como iremos acessar dados daquela época?

– Cada um de nós possui um registro indelével de nossa peregrinação na estrada evolutiva em nós mesmos. Solicitarei permissão aos planos mais elevados para acessar esses dados registrados em nossa irmã Ritinha, que hoje renasce nessa difícil provação, para que possamos estudar e aprender as lições de que temos necessidade para não incidirmos nos erros semelhantes ao dela.

"Num mundo de provas e expiações, salvo quando os Espíritos missionários aqui retornam, todos nós estamos sujeitos a falir pelas imperfeições que ainda carregamos. Iremos pedir a permissão de Jesus não somente para adentrar os dramas vividos por essa nossa irmã naquela época, como também procurarmos auxiliar naquilo que nos for possível porque, se hoje é o dia de ajudarmos, amanhã poderá ser a ocasião em que necessitaremos de auxílio.

"Todas as vezes que consultamos nosso passado de espíritos em caminhada evolutiva em que caímos e nos reerguemos para prosseguir na jornada em busca da perfeição, somos levados à conclusão de que os acontecimentos do momento presente não passam de uma confissão de *mea culpa!"*

OS REGISTROS IMPLACÁVEIS DO TEMPO

MARCELLE PERTENCIA A uma rica família da Idade Média. A fortuna fora construída de maneira suspeita, mas a simpatia política que a mesma mantinha junto aos poderosos da época não permitia maiores cobranças ou comentários. Aliás, naqueles tempos, qualquer palavra de um dos membros da poderosa família junto ao denominado *Tribunal*, poderia custar a vida a qualquer ousado que tivesse a coragem de levantar alguma acusação contra os beneficiados do poder dominante.

Entretanto, na calada da noite, os comentários de boca a boca falavam sobre as denúncias ao *Tribunal* de pessoas que tinham posses que interessavam à família de Marcelle e que eram denunciadas e condenadas como hereges, recebendo como uma das penas a perda dos seus bens.

Uma parte ficava para a *Instituição* que comandava o inatacável e temido *Tribunal* e a outra contemplava a família de Marcelle. Exatamente por isso é que se comentava às escondidas que a posição financeira privilegiada da família da moça era fruto de muitas pessoas saqueadas sob a acusação de heresias diversas, sendo essa posse inqualificável dividida entre eles: a *Instituição* e a denunciante.

– A manhã está de um sol esplêndido, Georgete. Estou me sentindo tão bem que vou até a *Torre da verdade* para ser apresentada a novos aparelhos destinados a arrancar dos hereges a verdade que, inutilmente, tentam esconder.

– Você, irmã, cada dia me vem com uma novidade. O que essa tal de *torre da verdade*? – respondeu sem muito interesse Georgete.

– É que você vive alheia aos acontecimentos! Não participa do crescimento do poderio da nossa família. Beneficia-se da nossa posição, mas mantém-se distante das ocorrências que proporcionam o poder e o respeito de que gozamos.

– Não entendo muito dessa política pela qual é atraída, Marcelle. Da mesma forma, não consigo envolver-me com a religião que faz pacto com os poderosos da área civil. Acho a situação muito confusa. Mas ainda não respondeu o que é essa tal de *torre da verdade*, minha ilustrada irmã!

– É um local onde os acusados de heresia confessam a sua culpa. Digamos que a *Instituição*, por meio dos seus prepostos, detenha alguns aparelhos para convencer o culpado a dizer a verdade. Como bem sabe, eles resistem em confessar seus crimes. Lá na *torre da verdade* recebem, digamos, um estímulo mais poderoso para perderem a timidez e abrirem a boca de vez – disse gargalhando Marcelle diante da incompreensão da irmã que não entendera a gravidade e a extensão das colocações de Marcelle.

Diante do silêncio dela, voltou à carga:

– Não quer me acompanhar até lá, irmã? Recebi o convite do comandante da equipe que orienta os interrogatórios. Disse que iria me apresentar a novos aparelhos construídos com a finalidade de obter dos culpados as confissões que teimassem em não assumir.

– Só de ouvi-la falar nisso me dá arrepios, Marcelle! Prefiro manter-me a distância dessas coisas.

– É esperta, irmãzinha. Se beneficia dos lucros, mas mantém-se longe de como consegui-los. Parece boba, mas é muito esperta, Georgete! Veja o quanto possuímos hoje depois que temos entregue esses hereges ao Tribunal. São julgados. Condenados. Seus bens confiscados e partilhados honestamente entre nossa família e eles.

– Na verdade me sinto mal nesses lugares aonde você vai com tanta naturalidade. A consciência como que me acusa de estar fazendo algo errado.

– Ora! Então entregar hereges é coisa errada? Errado é saber das heresias e não tomar as providências para denunciá-las, minha irmã. Afinal, estamos do lado da nossa religião. Quem está contra ela são exatamente aqueles que se posicionam contrários aos ensinamentos religiosos consagrados por todos esses séculos de cristianismo. Temos o dever de cuidar para que nossa religião não seja deturpada por essas pessoas que se posicionam contra ela. Não somos nós que temos que ficar com a consciência de culpa. Eles sim. Fazemos até um favor a eles. Como são julgados, condenados e recebem as penas que o Tribunal determina, têm a oportunidade de escapar da condenação do inferno que os aguarda do outro lado da vida. Estamos, em verdade, auxiliando esses hereges para que se redimam e escapem da condenação eterna que os espera. Por isso minha consciência não me acusa de nada quando ofereço a denúncia. Mesmo porque, apenas denuncio. Quem julga e condena são os representantes do Tribunal. Se fizerem a coisa errada, eles é que responderão perante Deus, não eu.

– Não consigo ficar tranquila como você, minha irmã. Por isso prefiro manter uma certa distância. Não irei acompanhá-la a essa tal de *torre da verdade*, seja isso lá o que for. Algo não me *cheira* bem nisso tudo.

– Como disse antes, você é esperta. Fica só de longe aproveitando os lucros... – disse gargalhando Marcelle que se arrumava para ir até o sinistro local.

– MEUS AMIGOS e irmãos! – iniciou seus comentários o mentor Virgílio, que orientava aos outros espíritos na aquisição de conhecimentos. – Fomos autorizados pelos planos maiores da vida que nunca se extingue a adentrarmos os registros de passadas existências de nossa irmã Ritinha. Transportamos conosco arquivos de todas as nossas existências e que podem ser acessados mediante objetivo nobre e com a anuência das autoridades de planos maiores da Vida. Devemos ter em mente o sadio aprendizado e a possibilidade de auxiliarmos dentro de nossas possibilidades com o apoio do alto. A curiosidade nunca será justificativa para sondarmos o passado. Nem o nosso próprio e muito menos o de outrem.

"Sabemos que o espírito imortal jamais retroage. Se tivermos a curiosidade em conhecermos o que fomos ontem, basta olharmos com a devida coragem e verdade o que somos hoje. Melhores nunca teremos sido. Além disso, o esquecimento temporário de nossas vidas anteriores é uma caridade da Providência Divina que mantém oculta nossas mazelas anteriores para que o fardo da existência atual não fique muito pesado em nossos ombros. Por isso mesmo não se justifica a curiosidade sobre o *ontem* de nossas vidas. Já é o suficiente darmos conta do *hoje* e estaremos cumprindo com a nossa tarefa para o momento."

Fez uma pausa e contemplou aqueles que o acompanhavam no estudo dos problemas de Ritinha e voltou a considerar:

– A Marcelle de outrora, nossa Ritinha dos dias atuais, está cometendo um erro infantil em relação a sua própria consciência.

– Desculpe-me, irmão Virgílio. O senhor disse que a Marcelle de ontem é a mesma Ritinha dos dias atuais? – perguntou espantado um dos aprendizes.

– Sim, meu filho. Todos somos os autores de nós mesmos! Em cada escolha, em cada caminho que enveredamos, em cada existência que tenhamos a chance de retornar a um corpo físico, estamos talhando o que seremos no futuro. Como iremos estudar com a permissão das Leis maiores da Vida, a Marcelle da Idade Média está semeando suas futuras colheitas. Uma delas é a que tomamos contato quando visitamos Ritinha em sofrimento atroz em um corpo físico deficiente na atual existência.

– Desculpe novamente, senhor. E o que Marcelle estaria fazendo para que a semeadura tenha sido essa colheita tão dolorosa do presente?

O mentor sorriu da ansiedade de um dos seus pupilos.

– Podemos dizer, utilizando-me de um dos ditados dos homens, que você está querendo passar o carro na frente dos bois, meu filho.

– Perdoe-me então, senhor – disse desapontado o aprendiz.

– Não há o que perdoar, meu filho. A curiosidade é sempre útil quando não acompanhada da pressa e quando possui uma finalidade nobre. Deixemos que os fatos se desenrolem para irmos montando o quebra-cabeça dessa nossa irmã.

Fez mais uma pausa para retornar ao assunto.

– O que eu gostaria de chamar a atenção para o momento presente é sobre a atitude de Marcelle com a sua consciência. Muitos encarnados quando no esconderijo do corpo físico que, mais dia, menos dia, será destruído pelo desgaste da matéria, procuram driblar a própria consciência para não abrir mão das vantagens imediatas do momento extremamente fugaz de alguns anos de vida em um corpo material. Marcelle procede assim. No fundo, lá na maior intimidade do seu ser imortal, sabe que está errada, mas procura sufocar essa realidade inventando desculpas para suas decisões do presente.

Como os bens materiais das pessoas que denuncia argumentando com mentiras sobre a heresia desses injustiçados são incorporados à sua família, cria desculpas para essa atitude do momento em que vive, mas que não serão aceitas pelas Leis maiores da Vida que jamais serão enganadas!

– Mas o encarnado não se apercebe disso, irmão Virgílio? – questionou novamente o aprendiz.

– Como disse, lá no seu mais profundo *eu* a consciência não para de tentar fazer prevalecer a verdade, meu amigo. Mas as tentações das vantagens do mundo material que são imediatas sufocam essas tentativas e o espírito encarnado acaba por sucumbir aos seus desejos imediatistas. E esse é um motivo terrível de sofrimento após a desencarnação. Fora do esconderijo do veículo material, o espírito comprometido perante a própria consciência não consegue se esconder. Fica como que nu diante de si mesmo e daqueles que o rodeiam na dimensão espiritual da vida.

"Procura um refúgio para as suas mazelas visíveis e não encontra lugar seguro. Podemos considerar que essa situação representa um inferno para o ser comprometido. Inferno, portanto, não é um local exterior a ele, mas um local que o atormenta dentro de si mesmo, que o culpado transporta para onde for e o impede de ser feliz e viver em paz enquanto não se corrigir e quitar-se perante a própria consciência."

Aguardou mais um tempo para não sobrecarregar de informações os seus acompanhantes.

– Se Marcelle não vivesse uma religião de superfície, se tivesse extraído da sua religião o espírito de religiosidade, jamais se entregaria à ilusão de pensar que um ser humano tem o direito sobre a vida de outro. Ela bem sabe as consequências das suas denúncias contra os inocentes perante o denominado *Tribunal*. Entretanto, iludida pelos lucros rápidos que o momento presente proporciona, sufoca a consciência que tenta alertá-la de que está escolhendo o caminho largo e fácil da existência cuja semeadura será sempre de dores futuras.

– Mas e esse pessoal do chamado *Tribunal* também incorre em erro, não é, irmão Virgílio?

– E como, meu filho! E como! Aplicam sofrimentos atrozes às suas vítimas ignorando que estão atirando ao vento da vida imortal uma espécie de bumerangue que fará o seu devido retorno sobre eles, trazendo uma colheita de dores inomináveis! Infeliz tanto o que denuncia como aquele que acata a denúncia mentirosa visando ambos os lucros fáceis da existência extremamente passageira.

Irmão Virgílio silenciou suas palavras e prosseguiu na observação dos arquivos do espírito Ritinha.

– NÃO QUER mesmo me acompanhar, Georgete? – perguntou exaltada Marcelle. – Poderá conhecer melhor nossos aliados do Tribunal e assistir como os hereges capitulam diante dos recursos utilizados para que confessem a verdade.

– Não, Marcelle. Prefiro ficar aqui em casa lendo os meus livros. Você representa muito bem nossa família e nossos interesses. Sua presença já será suficiente.

Diante da recusa da irmã, Marcelle partiu célere em direção à *torre da verdade* para assistir aos recursos que o *Tribunal* dispunha como mecanismo de obter a confissão dos acusados de heresia.

NA TORRE DA VERDADE

O LOCAL DENOMINADO por *torre da verdade* tinha esse nome por ficar em uma elevação e ter o formato que lembrava a torre de um castelo.

Para esse local eram levadas as pessoas acusadas de heresias e que não confessavam seus *crimes* durante os interrogatórios a que eram submetidas em outros locais.

Marcelle gozava de prestígio nesse lugar para onde várias pessoas tinham sido levadas por denúncias dela. O real objetivo era entrar na posse de bens dessas vítimas inocentes.

– Senhorita Marcelle! Que surpresa agradável! Deve ser por isso que o sol brilha com mais intensidade nesta manhã.

Era irmão Leonardo, o responsável pelo local que fazia elogios à colaboradora do *Tribunal* que se apresentava para uma visita em atenção ao convite que recebera.

– Bom dia, senhor! É com muita satisfação que venho visitar-lhe e às instalações que conseguem arrancar dos culpados, que para cá tenho trazido, a confissão de suas culpas.

– Sem dúvida, senhorita! Temos trabalhado com colaboração recíproca e obtido essas confissões que conseguem afastar de nossa religião as pessoas que não merecem estar entre nós. Grande tem sido sua participação em nossa causa, Marcelle – argumentou o anfitrião tomando respeitosa e delicadamente uma das mãos da moça e depositando sobre ela um beijo de carinho.

– Quanta gentileza, senhor! Fiquei curiosa em atender ao seu convite e verificar com os meus olhos as novidades introduzidas nos mecanismos de convencer os hereges a confessarem e assumirem suas culpas. Dessa maneira, podemos conservar a pureza de nossa religião eliminando essas pessoas que a contaminam e comprometem, não é mesmo, senhor Leonardo?

– Sem nenhuma dúvida, senhorita! Sem nenhuma dúvida. Queira entrar, por favor.

A construção em forma arredondada possuía escadas renteando as paredes e que levavam a andares superiores onde se instalavam os locais com diversos aparelhos destinados à tortura dos interrogados.

De acordo com a resistência dos acusados, as torturas físicas que recebiam iam aumentando de intensidade com o objetivo de impor mais dor e consequente sofrimento que acabavam por culminar com as confissões buscadas, embora inverídicas.

Com a chegada da *ilustre* visitante as agressões em andamento foram interrompidas para suavizar um pouco o ambiente de luz muito escassa, mas de muito sofrimento injusto oriundo da maldade dos corações ignorantes da grandiosidade do Criador.

Ao lado dos aparelhos destinados às torturas contemplavam-se celas rústicas que detinham as vítimas temporariamente suspensas em seus interrogatórios. Eram semelhantes às celas imundas dos castelos onde se atiravam os prisioneiros.

As faces das pessoas sob investigação revelavam intenso sofrimento, privação de alimento, e imensa revolta estampada em rostos dominados pelo ódio por tudo que estavam passando sem nenhuma causa justa.

– Irmão Leonardo, os motivos dos interrogatórios continuam os mais variados como sempre? – indagou Marcelle.

– Sim, senhorita. Alguns acreditam conversar com a alma daqueles que já se foram! Veja só que heresia! Aqueles que partem não mais pertencem a esse mundo dos homens. Ou estão no céu dos eleitos ou no inferno dos condenados. Alguns, evidentemente, no purgatório repensando seus atos. Mas voltar até nós? Somente uma heresia para se acreditar em tal fato.

"Outros – continuou o anfitrião – foram vistos elevados no ar como se estivessem sendo comparados aos nossos santos que tinham esse poder. Pecam ao insinuar tal façanha, já que de santo não têm nada!

"Temos aqueles que tocam em determinado objeto e fazem revelações que dizem estar contidas nos mesmos objetos como se um ser inanimado pudesse ter memória! Veja só aonde chega o disparate desses infelizes!

"Ah! Sim. Existem aqueles que foram surpreendidos movendo coisas de um lado para outro. Aqui terão de confessar a mágica de que se utilizaram para enganar as pessoas. Apenas os escolhidos de Deus são portadores de tais poderes! Não podemos permitir que comprometam nossa religião com tais absurdos!

"Isso tudo para não falar naqueles cuja presença produz ruídos estranhos como se tivessem parte com seres invisíveis e, com certeza, mal-intencionados. Como vê, temos muito trabalho para limpar nossa religião."

– E Alexandre, onde está? – perguntou Marcelle.

– O seu denunciado está preparado para causar-lhe uma surpresa, senhorita. Quero ver se vai persistir nessa ideia absurda de mais de uma vida. Como pode um ser a quem Deus conferiu a inteligência dar abrigo a tal pensamento? Quem morre parte para algum lugar muito distante e jamais voltará a viver entre nós. Se isso fosse possível, os santos e santas teriam voltado à Terra. Quem mais do que eles têm esse mérito?

– Também não compreendo, senhor. E foi exatamente por isso que resolvi denunciá-lo ao *Tribunal*. Além, é claro, daquela propriedade que se recusou a vender à minha família, como já esclareci ao senhor. Fizemos-lhe uma proposta irrecusável, pagando o dobro do que o bem imóvel valia e ele desdenhou da nossa oferta justa.

– Essa última particularidade não precisa ser lembrada, senhorita. O motivo da real gravidade que a levou a colaborar conosco é essa ideia de muitas vidas em outros corpos para uma mesma alma. Fiquemos entendidos dessa maneira. Aconselho-a não mencionar esse outro detalhe da propriedade, já que não passa, a meu ver, de um simples detalhe ou de uma mera coincidência. O que nos move à investigação é a heresia defendida por esse homem em insistir que viveremos outras vezes entre os mortais. Coloquemos as coisas dessa maneira para não fugir à nossa lealdade para com a nossa religião.

– E ele teima em afirmar tal possibilidade de outras vidas, não é senhor Leonardo?

– Destemidamente, senhorita. Mas creio que no nosso novo aparelho ele irá reconsiderar suas colocações absurdas e renunciar a elas como poderá presenciar – disse com sorriso mordaz. – Depois que o fizer, estará aberto às negociações que interessam a sua família sobre a propriedade dele, pode ter a certeza disso.

– Quer dizer então que...

– Que Alexandre já está no novo aparelho para receber, digamos, uma ajuda e livrar-se do pecado desse pensamento infeliz de que viveremos mais vezes nesse nosso mundo.

Leonardo fez um gesto com uma das mãos como a indicar o caminho e ambos subiram mais um lance de escada que levava ao último andar do edifício.

O local estava iluminado por luzes de archotes. Numa cama estreita com as mãos e pés amarrados e atados a um sistema que tracionava gradativamente a pessoa pelos braços e pernas, Alexandre gemia submetido ao suplício como mais uma vítima da denúncia de Marcelle.

– Ei-lo aí, senhorita. O homem que afirma ter muitas outras vidas aqui entre os homens! – disse em um tom para que o prisioneiro pudesse ouvir.

Alexandre voltou a cabeça em direção à voz e vislumbrou Marcelle que estava ao lado do seu anfitrião. Olhos bem abertos e injetados pelo ódio grunhiu para ela:

– Maldita! Eu me vingarei!

– Não diga asneiras para ofender nossa visita, prisioneiro! – atalhou Leonardo imperativamente.

– Você pode ferir meu corpo, mas não pode impedir o ódio que sinto por todos! Eu me vingarei, malditos!

– Ora, ora, valente herege! Como irá vingar-se depois que partir dessa vida para uma pior do que essa diante dos erros em que está mergulhado?

– Erros? – Apenas no seu conceito e dessa sua cúmplice que deseja tomar aquilo que me pertence.

– Não quero tomar-lhe nada, Alexandre! – interviu Marcelle. – Apenas abdique dessas suas ideias absurdas de outras vidas dentro de um novo corpo e estará liberado pelo *Tribunal*! Tudo depende apenas de você – disse fingidamente Marcelle.

O supliciado sorriu e disparou:

– Em que essa ideia a incomoda tanto, senhorita? Talvez a possibilidade de voltar como uma plebeia paupérrima e não uma poderosa aliada desses homens?!

– É espantoso esse seu conceito! Aliás, é um total absurdo! Quem morre não volta nunca mais ao mundo dos vivos, seu imbecil. Quem lhe incutiu na cabeça esse absurdo? – retrucou Marcelle.

– Quem me ensinou a raciocinar sobre essa possibilidade foram as diferenças que vemos na vida, sua megera! Explique esse seu Deus sem novas existências na Terra e as desigualdades sociais que a vida se nos apresenta! Você, por exemplo, nascida em berço rico e amiga dos poderosos e infames senhores que impõem sofrimento a tantas pessoas inocentes como bem sabe nesse local de torturas, onde muitos confessam o que nunca fizeram! Por que esse Deus a teria escolhido para ser poderosa enquanto outros vivem na penúria e submetidos a perseguições cruéis?!

– Como ousa questionar o Criador, atrevido? – atalhou Leonardo.

– Ouso mais, desgraçado! Ouso perguntar a esse teu Deus como Ele permite que Seus representantes, como vocês se consideram, façam a outrem o que são capazes de fazer?

– Continua blasfemando contra o Criador!

– Procurar respostas lógicas e verdadeiras para as desigualdades da vida é blasfemar? Esse seu Deus tem medo de que Suas criaturas raciocinem? Não é Ele perfeito? Pois então! Quem é perfeito nada tem a temer! Não seriam simples perguntas que colocariam a Sua existência em cheque! Quem fala contra Ele são criaturas como vocês! São testemunhas vivas de que Ele não existe, porque se existisse não teria criado seres malditos como são!

– Está sofismando para tentar confundir-nos, herege? – disparou Leonardo.

– Nem sei do que está falando, falso representante de Deus. O que acho de vocês todos é que usam o nome d'Ele para vender as suas indulgências! A ideia de outras vidas em novos corpos aniquilaria o comércio que fazem desse lugar chamado *céu* vendido através de polpudas doações à sua *Instituição*. Não é isso, *homem santo*?

– Senhorita, não vamos gastar nosso tempo com esse louco! Vamos testar a convicção dele nas *verdades* que defende para que possa apreciar esse novo instrumento de convencimento daqueles que ousam agredir nossa religião.

– Tem razão, senhor. Não deveríamos ter nos rebaixado para ouvi-lo. Erramos.

– Podem me torturar como quiserem! Não renunciarei à minha crença em vidas futuras! E exatamente nessas vidas encontrarão o que merecem, malditos!

Leonardo e Marcelle se afastaram do prisioneiro e a um olhar do primeiro, os homens que estavam localizados na parte superior e inferior do estranho aparelho que se assemelhava a uma maca, começaram a mexer em determinadas alavancas que esticavam os braços e as pernas de Alexandre em sentido oposto, o que provocava terríveis dores na vítima.

Leonardo comentou:

– Preste atenção, senhorita. Além de esticar esse herege, o novo aparelho tem a capacidade de desenvolver um movimento rotatório em torno do seu eixo torcendo o corpo do acusado.

Alexandre soltava os gritos que mal traduziam a dor que invadia todo o seu corpo devido à tração que o aparelho executava, ao mesmo tempo em que o torcia como roupa após ser lavada e posta para secar.

– Malditos! Podem me matar porque não irei morrer! Continuarei vivo e perseguindo-os por toda a eternidade! Marcelle, sua maldita! O dia em que reencontrá-la depois da morte, farei que experimente o que estou padecendo injustamente nesse lugar em nome do Deus em que vocês acreditam!

E voltava a soltar os gritos desesperados que a dor provocava de maneira cada vez mais intensa na medida em que as rodas do estranho aparelho tracionavam os membros enquanto torcia todo o corpo do infeliz.

IRMÃO VIRGÍLIO E seus aprendizes que tinham sido autorizados a consultar os lamentáveis registros de vidas anteriores de Ritinha continuavam seus ensinamentos diante dessas novas revelações.

– Meus irmãos e companheiros de jornada evolutiva, os registros que observamos nos arquivos de nossa irmã agora mergulhada em um corpo disforme, nos fala de maneira bastante clara sobre a lei da semeadura e colheita.

"Ritinha nesses séculos que antecederam a atual existência tornou-se cúmplice desse sistema de perseguição aos assim chamados de hereges, irmãos nossos que apresentavam alguma característica mais evidente daquilo que o espírito imortal é portador e, por isso mesmo, eram taxados como pessoas anormais, pactuadas com o sobrenatural que nunca existiu e nem existe."

– Como assim, irmão Virgílio? – perguntou um dos que observavam o desenrolar dos acontecimentos. – O mundo sobrenatural é uma invenção do homem? Ele não tem existência real?

– Não tem, meu amigo. A ignorância humana é quem o produz. Durante muito tempo não se acreditou que a Terra era o centro do Universo? Que o nosso astro Sol girava em torno dela e não ao contrário, como ficou demonstrado depois?

– Sim. Passamos do geocentrismo para o heliocentrismo. Ou seja, a Terra deixou de ser o centro do Universo e cedeu o lugar para o Sol.

– E com um detalhe, meu filho. Nosso sistema solar é um grão de areia perdido nesse infinito de Deus. Nada representamos diante da grandiosidade da obra da Criação! Existem sistemas imensamente maiores e mais importantes do que o nosso por esse espaço sem fim. Somos um pequenino grão de areia. Mas, a ignorância, o orgulho fez com que nos considerássemos durante muitos séculos como o centro do Universo!

O mesmo se passa com a ideia do sobrenatural. A ignorância da vida além da morte cria um clima de suspense em relação àqueles que deixam a vestimenta física como se mergulhassem no desconhecido e se perdessem no nada.

Esperou um pouco antes de continuar.

– Hoje sabemos que a nossa dimensão de espíritos desencarnados convive com os homens de maneira natural e íntima, não tendo nada de sobrenatural a não ser para aqueles que continuam mergulhados na ignorância do que seja a vida antes e depois da morte.

– Entendi, mentor. O homem faz uma segmentação, um corte na vida como se isso fosse possível em antes e depois da morte. É como se passássemos uma faca dividindo em antes do nascimento e depois do túmulo – colocou um dos aprendizes presentes.

– Isso. Não entendem ainda que a vida é sempre a mesma. Ora estamos mergulhados em um corpo numa determinada existência, ora fora dele, mas sempre presentes na vida que é uma só e infinita. Por fazerem essa separação que não existe, acreditam que para além do túmulo se localiza o insondável e temível sobrenatural que nada mais é do que a continuação sem saltos, sem violência, daquilo que vivemos quando encarnados.

– Por esse mesmo motivo é que a reencarnação é encarada como uma coisa sobrenatural, inverídica? – perguntou outro dos presentes.

– Naquela época em que Marcelle viveu, a reencarnação era uma ideia que qualificava os que nela acreditassem como hereges. Aliás, ainda hoje a filosofia reencarnacionista não é aceita pela maioria. Os motivos para essa descrença são muito variáveis.

– O estranho é que no início do cristianismo se acreditava nela, não é assim, mentor?

– Sim. De maneira bastante clara. Jesus a afirmou para todos os que têm olhos de ver e ouvidos de ouvir como já comentamos anteriormente. Acontece que a ideia de voltar à vida corporal em situação inferior à posição atual, começou a incomodar os poderosos com o passar dos tempos e resolveu-se decretar que a reencarnação não existia, como se uma decisão humana anulasse uma Lei Divina.

– Como um rei poderia voltar como um plebeu ou um rico retornar na pobreza, não é, irmão Virgílio? – completou um dos presentes.

– Exato. Isso aterrorizava a quem estivesse no poder, na fartura, quem estivesse em uma posição social de destaque, passando a ideia de uma volta a um novo corpo ser combatida até que foi abolida, apesar de a reencarnação ser a única maneira de tornar compatível as aparentes desigualdades da vida com a Justiça da Providência Divina.

– Como os homens acreditam que podem abolir uma Lei de Deus com um simples decreto? – observou outro aprendiz.

– Pois é, meu filho. O homem mergulhado nos prazeres do mundo é vencido por essa recompensa imediata que a vida oferece e cede a ela sem raciocinar sobre as decisões que o favorecem naquele momento presente. E é lógico que as suas leis jamais modificam as Leis maiores da vida. A colheita do que semeia continua subordinada a essas Leis e nunca de acordo com as frágeis leis de homens imperfeitos e passageiros. Mas, voltamos a repetir, como a recompensa que o mundo oferece é imediata, o ser humano cede a essa tentação passando a crer naquilo que lhe é mais conveniente para o momento atual.

– Irmão Virgílio, gostaria que o senhor comentasse um pouco sobre as ameaças do senhor que está sendo torturado de se vingar de seus algozes – pediu outro aprendiz.

– Esse sentimento é muito sério! Muito mais sério e perigoso do que possamos imaginar enquanto no corpo. O ódio cultivado dessa maneira imanta os envolvidos entre si. É semelhante a um radar que é acionado por esses sentimentos guardados no recôndito do ser que passa a emitir um determinado sinal na procura pelo desafeto do passado. Podemos também comparar o ódio a um sistema de sonar que emite determinados tipos de onda para se identificar obstáculos à frente de uma embarcação. A onda vai até o empecilho que põe em risco essa embarcação e retorna à mesma informando a localização desse obstáculo para que o comandante altere a rota. A diferença no caso do ódio é que a localização do outro não evita a colisão. Pelo contrário, ela é buscada por aquele que odeia e lhe permite vingar das agressões sofridas.

"Nosso irmão Alexandre não estava brincando quando pronunciava suas promessas de vingança. Nem são elas gritos de um agonizante extremamente revoltado. São promessas cujas realizações serão buscadas no futuro de cada um desses espíritos que se envolvem através do desamor, da prevalência do ódio entre eles.

"Agressor e agredido se imantam como poderosos ímãs que somente o tempo, à custa de muitas lutas e sofrimentos, poderá desfazer essa ligação.

"Jesus já alertava sobre esse perigo ao recomendar que, se tivéssemos inimigos, melhor seria reconciliar primeiro com eles antes de ir ao Templo levar nossas oferendas e orações. Queria ele dizer que não transportássemos para a outra dimensão da vida as desarmonias de uma existência.

"Aquilo de mal que não resolvemos no momento atual se transfere conosco para o mundo espiritual como a bagagem indesejável que nos custará muito sofrimento e trabalho para ser eliminada. Não somente o bem nos acompanha, mas o ódio também."

– E eles irão se reencontrar mesmo? – indagou outro aprendiz com ar de curiosidade.

Virgílio sorriu e respondeu:

– É preciso aguardar o desenrolar dos acontecimentos se tivermos a autorização de conhecer o que irá acontecer, meu irmão.

O SUMIÇO DE RITINHA

– ROSIMEIRE, MINHA filha! Me dê um tempo até amanhã para que eu encontre uma solução para essa criança que mal veio ao mundo! Alimente-a por hoje! Não lhe negue do seu leite! Juro pensar em uma solução a noite inteira e amanhã bem cedo retorno para propor-lhe algo sobre Ritinha.

– A senhora não precisa pensar muito, minha mãe. A solução que aceito é uma só: suma com esse monstro da minha frente!

– Preciso dessa noite, Rosimeire. Essa solução é extrema e tenho que pensar sobre o que vou fazer. Entretanto, suplico-lhe mais essas horas para que possa raciocinar e encontrar uma saída para essa infeliz que não tem culpa de ter vindo ao mundo dessa maneira.

– Se ela não tem culpa, muito menos eu, mamãe! Converse com o seu Deus. Quem sabe Ele arruma um jeito, já que Ele sabe tudo, não é mesmo? – disse ironicamente.

Dona Cândida beijou a filha e retirou-se de coração mergulhado em profunda angústia. De olhos marejados pelas lágrimas, elevava a Deus uma prece rogando socorro para a neta naquela situação desesperada em face da reação da filha Rosimeire diante da deformidade cruel de que a recém-nascida era portadora.

"Meu Deus! A menina parecia um *parafuso* humano! Toda torcida do pescoço para baixo! O que fizera aquele ser inocente para tamanho sofrimento? E para agravar, a reação de Rosimeire não deixava saída para Ritinha que mal acabara de nascer."

Levá-la para casa e criá-la como filha? Impossível! O coração endurecido e violento do marido escorraçaria com ela e a neta do lugar quase de imediato. Já lhe havia mutilado para o resto de sua vida sem que nada tivesse feito! Só de lembrar o que Afonso lhe fizera injustamente, trazia de volta as dores no seu baixo ventre! Que horror, meu Deus! Como um ser humano podia fazer a outro ser tamanha brutalidade como seu marido lhe fizera, inocente das acusações que lançara em seu rosto? E o pobre do capataz, jovem honesto e recém-casado que também nada devia e recebera toda a carga de maldade de Afonso por mentiras, por intrigas de gente maldosa que por dinheiro era capaz das maiores atrocidades! "Que fazer, meu Deus? Que fazer?" – eram os pensamentos que desfilavam rapidamente pela mente de dona Cândida que se afastava do hospital com passos rápidos esfregando as mãos com muita força.

E nesse estado de desespero de quem não via nenhuma saída para a urgência do momento, encontrou-se, *por acaso*, com dona Maria João.

"Santa mulher aquela!" – foi o pensamento que lhe ocorreu ao ver o sorriso bondoso na face de dona Maria.

Tivera a oportunidade de encontrá-la nas raras ocasiões em que viera visitar a filha e o genro que moravam naquela cidade.

– Olá, dona Cândida! O que a traz por essas bandas, minha amiga?

– Ah! Nem imagina minha amargura, dona Maria!

– Estou vendo em seu rosto, dona Cândida. Se puder ajudar de alguma maneira...

– Foi Deus que permitiu esse nosso encontro, minha amiga – respondeu ela.

E começou a derramar lágrimas silenciosas, mas extremamente dolorosas.

– Vamos fazer o seguinte, dona Cândida. A cidade é pequena e a minha casa está bem perto. Vamos até lá para conversarmos. Quem sabe posso ajudar de alguma maneira.

Dito isso, abraçou a amiga e a conduziu para o reduto do lar pobre, mas amparado por uma fé inabalável na Providência Divina.

– Só não repare na bagunça. Tenho muitos filhos e as crianças estão sempre tirando as coisas do lugar porque têm de brincar de alguma forma. As meninas mais velhas me dão uma mão no possível. Os meninos, só o Zezinho é mais acomodado. Tão ajuizado que, às vezes, me parece um velhinho – disse sorrindo dona Maria João e acalmando o coração da amiga em desespero.

Ao adentrar a intimidade daquela casa onde a pobreza fazia morada, dona Cândida sentiu um reconforto que não sabia explicar. Uma sensação de paz e a certeza de algum rumo que conseguiria encontrar para a situação delicada e dolorosa de Ritinha apaziguaram-lhe a alma aflita. Respirou profundamente como se procurasse sorver daquele ambiente a medicação de que tinha necessidade.

– Sente-se, dona Cândida. A casa é sua, minha amiga.

– Obrigada, dona Maria. Parece que aqui a paz faz morada.

– Temos nossos problemas, mas não perdemos a fé em Deus, Cândida, se me permite chamá-la assim.

– Claro, Maria! Quase não nos vemos muito, mas parece que uma amizade sincera existe a nos unir, não sente assim? Só mesmo nas raras ocasiões em que meu marido resolveu sair de sua *toca* para visitar Rosimeire que mora por esses lados também.

– Sem dúvida. Foi depois da vinda de sua filha para essa cidade que nos encontramos como se tudo tivesse sido combinado. Coisas que só a vida consegue explicar e a gente não consegue entender, Cândida.

Tomou entre as suas as mãos dela e perguntou-lhe em tom ameno, que inspirava confiança, qual era o problema que a preocupava tanto. Cândida sentiu uma força muito grande e passou a relatar à amiga o que torturava seu coração.

– Minha filha deu à luz a uma menina, Maria.

– Que bom, Cândida! Mais uma filha de Deus que vem a esse nosso mundo. E isso é motivo de muita alegria!

– Aí é que está o problema, Maria...

– Como assim, Cândida?! Então um filho ou filha

não é uma bênção de Deus? Veja essa casa. Nem sei o que seria se não fossem nossos filhos. Apesar das dificuldades financeiras com que lutamos, eles são nossos tesouros.

– Para o seu coração bondoso, sim. Mas para minha filha Rosimeire, que puxou ao pai, não, minha amiga.

– Mas sua filha não desejava ser mãe, Cândida?! Por que então o nascimento da menina não ser motivo de alegria?

– É que ela... É que Ritinha...

E se pôs a chorar sem conseguir continuar a frase.

– Calma, minha amiga. Sabe que pode confiar em mim. Abra seu coração para que eu possa ajudá-la.

– É que não quero que as crianças nos ouçam. Não quero assustá-las, Maria.

– Assustar as crianças?! Ora, por quê? Então o nascimento de uma criança assusta alguém?

Olhou para alguns dos filhos que brincavam próximo e arrematou:

– Pode ficar tranquila. As meninas estão fazendo alguns servicinhos pequenos e o Zezinho é muito distraído. Está brincando com a caixa de fósforos vazia e nem está prestando atenção a essa nossa conversa. Pode falar tranquila, minha amiga.

– Pois é, Maria. A menina nasceu torcida como um parafuso do pescoço para baixo. É doloroso de se ver, mas mais doloroso ainda é ter que ouvir a própria mãe rejeitá-la por causa disso. Acredita que se recusa dar o peito à menina?

– Isso é o mais doloroso, Cândida! Isso é o mais doloroso. Afinal, que culpa tem a criança, meu Deus?

– Pois então, minha amiga. Estou desesperada e não sei o que fazer. Meu marido é violento. Jamais aceitaria uma neta com tamanho defeito! Não fosse assim, eu a levaria para minha casa e a criaria com todo o amor. Como você eu também penso que nenhuma culpa ela tem, coitadinha!

– Só podemos pedir a Deus que toque o coração de sua filha, Cândida. Como pode uma mãe rejeitar uma filha que precisa mais dela do que uma criança normal?

– Por isso meu desespero, Maria. Não sei o que faço com a menina! Ao mesmo tempo pergunto para Deus por que uma criança nasce dessa maneira? Ele poderia ter impedido isso, você não acha, Maria?

– Cândida, entendo a sua dor, mas não questiono a vontade d´Ele porque não temos inteligência para compreender os Seus desígnios, minha amiga.

Nesse instante da conversa, Zezinho estava próximo à mesa brincando com sua pequena e velha caixa de fósforos que fazia de caminhãozinho. Para aliviar a tensão da conversa, dona Maria João chamou o menino:

– Zezinho, meu filho. Chega aqui. Venha conhecer uma amiga da mamãe. É a dona Cândida. Dê um abraço nela.

O menino de olhos lânguidos se aproximou muito humilde e abraçou com amor a visitante. De inesperado, enquanto mantinha o abraço, sussurrou em um dos ouvidos de dona Cândida:

– Deus não seria justo se quem planta espinhos colhesse flores, senhora.

Dona Cândida não conseguiu ocultar sua reação diante do inesperado daquelas palavras do menino, chegando inclusive a se mexer um pouco na cadeira.

– O que foi, Cândida? – perguntou dona Maria João percebendo a reação da amiga.

– Não sei, Maria! Ele, o Zezinho, disse uma coisa que não entendi! Mas o que me causou espanto foi o jeito dele falar como uma pessoa adulta, Maria!

– Zezinho, meu filho, você foi mal-educado com a nossa visita?

– Não fiz nada, mamãe!

– Não, Maria. O menino não foi mal-educado, não. Eu que me assustei com o que ele disse porque estou nervosa com o problema da minha neta, como contei para você.

Zezinho já havia voltado a brincar com o caminhãozinho em forma de caixinha.

– Mas o que foi que ele disse, Cândida?

– Eu também não entendi.

– Sim. Mas o que ele lhe falou? – insistiu a mãe de Zezinho.

– Disse que Deus não seria justo se permitisse a quem planta espinhos colher flores! Você entende o que ele quis dizer, Maria?!

– Ah! Esqueça! Ele é assim mesmo. De vez em quando fala coisas que nem eu e nem meu marido entendemos. Muito menos ele entende, Cândida. Muito menos ele. Sabe que, às vezes, meu marido acha que o menino é meio, assim, estranho se você consegue me entender para não dizer outra coisa.

As duas acabaram por rir das palavras do menino que continuava a brincar com a sua caixa de fósforos como se nada tivesse dito.

– Bem, minha amiga, vou orar muito por você e por Ritinha. Deus não nos faltará, pode ter certeza, Cândida. Estarei aqui sempre que precisar e eu puder fazer alguma coisa para ajudar.

– Precisava dessa sua fé, Maria. Agora vou para a casa da minha filha descansar um pouco e tentar dormir, se o sono não fugir com toda essa situação.

Abraçaram-se e despediram-se as duas mulheres, cada uma delas com problemas diferentes apresentados pela vida.

Enquanto isso, no hospital, Rosimeire chamava por uma atendente de enfermagem que atendia o quarto onde estava internada.

A profissional entrou toda solícita porque a paciente sabia ser *generosa* quando bem atendida.

– Pois não, senhora. Em que posso servi-la?

– Oi, Lúcia. Chamei-a por que confio nos seus serviços, minha amiga – disse Rosimeire reforçando a confiança na jovem auxiliar de enfermagem.

– Estou à sua disposição, senhora.

– Tenho um trabalho para você fazer para mim, Lúcia. Teria tempo e disposição para tanto?

– O hospital me contratou exatamente para isso, dona Rosimeire.

– Digamos que esse serviço que preciso não tem nada a ver com o hospital, minha amiga.

– Como assim? Não estou entendendo.

– Mas entenderá como moça inteligente que é. Posso adiantar-lhe que esse serviço será muito bem remunerado, caso você o aceite.

– Continuo não entendendo, senhora.

– É algo somente entre nós duas, Lúcia. A remuneração que receberá também só será de nosso conhecimento.

– Desculpe, dona Rosimeire, mas continuo a não compreender.

– Então, vamos conversar de forma diferente. Vejo que você é uma profissional competente. Nunca pensou em formar-se em enfermagem padrão? Essa é uma posição que faria justiça a sua capacidade.

– Ah, senhora! É meu grande desejo, mas não tenho dinheiro para completar meu curso e chegar a esse título com o qual eu sonho há muito tempo.

– Pois, então, creio que chegou o momento de realizá-lo. Basta querer!

– Dona Rosimeire, desculpe, mas não consigo entender aonde a senhora quer chegar.

– Entenderá. Vou explicar bem claramente. Porém, tem uma condição! Não me faça nenhuma pergunta, ouviu bem? Nenhuma pergunta. É só dizer sim ou não. É pegar ou largar. Se não quiser, procurarei outra pessoa, digamos, mais corajosa e decidida.

– Nossa! Parece que é alguma coisa muita séria!

– E é mesmo. E preciso de alguém que não vacile.

Que agarre essa oportunidade com unhas e dentes. Está disposta? Seria a sua chance de chegar ao título de enfermeira. O topo da carreira! Já imaginou?! "Lúcia" recebendo o anel de formatura como enfermeira e realizar os seus sonhos?!

– Estou ficando muito ansiosa, dona Rosimeire. Até parece que estou em um sonho!

– Pois acorde e decida como uma pessoa que sabe o que quer realmente. Creio que já conversamos bastante e vou ser direta: tem a devida dose de coragem e vontade de realizar seus desejos dando um fim nessa criança que nasceu de mim hoje?

Lúcia recuou para trás como se tivesse recebido um enorme empurrão.

– Senhora!

– Como disse antes, sem nenhuma pergunta mais! É sim ou não à sua faculdade de enfermagem!

– Mas... matar a menina?!

– Ora, ora, minha jovem! Quem iria pedir isso a você? Claro que não!

– Ai, meu Deus! Que susto!

– Não pediria isso a você, meu amor! Afinal, sou sua amiga! Você teria apenas que *esquecer* essa criança na porta de alguém, entendeu? Você teria toda a facilidade de sair daqui com ela escondida e deixá-la na porta de alguma casa bem longe daqui! Jamais pediria para você matar alguém! Sei que estudou até aqui e será uma enfermeira para salvar vidas e não para tirá-las, meu amor! Apenas arrumar outros pais para essa menina.

– Mas por quê, senhora?

– Como já disse, sem perguntas! Se não tem coragem suficiente, esqueça nossa conversa. Esqueça também seu curso para enfermeira que eu custearia em troca desse nosso acordo. É pegar ou largar, como já disse. Se não tem determinação suficiente, esqueça! Continue sendo apenas auxiliar, o que é uma pena com a capacidade que tem.

– A senhora disse que custearia meus estudos?

– Sim. Disse e repito. Faça-me esse favor de arrumar outros pais para essa criança e você terá seu curso de enfermagem inteiramente gratuito até o último centavo, pago por mim! E será um bem para essa criança também.

– Mas a senhora não quer sua filha?!

– Vou repetir pela última vez: sem perguntas ou sem negócios. A escolha é sua. Decida-se.

– E como farei isso, dona Rosimeire? – perguntou Lúcia assustada com a proposta totalmente inesperada.

– Seu plantão termina de manhã bem cedo, não é?

– Sim, senhora.

– Pois, então! Um pouco antes você irá até o berçário, pegará a menina com a desculpa de que a trará para mamar e venha até ao meu quarto novamente. Aqui tenho uma sacola bem grande onde trouxe minhas coisas pessoais para o hospital. Colocamos a menina dentro e você sai protegida pela pouca luz da manhã e arruma outra casa para ela. Tendo a coragem suficiente, estará com as mãos em seu diploma de enfermeira. Todos nós seremos beneficiados. A criança arrumará um lar que a queira. Eu, por problemas particulares que não me cabe discutir com você, resolverei meus problemas e de meu marido com essa sua ajuda. E você poderá se considerar matriculada na faculdade que quiser, mantida por mim.

Rosimeire aguardou a resposta observando as reações de Lúcia que se debatia em sua consciência entre os extremos que a vida lhe propunha: de um lado a realização do seu sonho de cursar a faculdade de enfermagem ardentemente ambicionada e graduar-se como enfermeira e de outro o drama de consciência de entregar uma criança recém-nascida a uma situação que poderia até mesmo significar uma sentença de morte para a menina.

"Mas por que a mãe não quer a criança, meu Deus?" – perguntava-se a moça na agitação que a proposta impunha aos seus pensamentos.

– E então, Lúcia? O que decide? Seu diploma de um curso superior ou continuar nessa vida com os seus sonhos frustrados para sempre? – foi a pergunta que sacudiu a auxiliar de enfermagem trazendo-a à realidade extremamente difícil que a vida se lhe apresentava.

Pela manhã bem cedinho, a menina Ritinha deixava o berçário em direção ao quarto da mãe para a devida alimentação, levada pelas mãos da auxiliar de enfermagem Lúcia.

O HOMEM PÕE E DEUS DISPÕE

DONA CÂNDIDA NÃO dormira bem naquela noite. A angústia pelo destino da neta espantava o sono para longe. Fazia as suas orações a Deus pedindo socorro. Lembrava-se da amiga dona Maria João em sua fé inabalável na Providência Divina e procurava ter a mesma força que aquela mulher com tantos filhos, criados em grande pobreza. Até mesmo a frase do menino Zezinho – "Deus não seria justo se quem plantasse espinhos colhesse flores, senhora!" – vinha ao seu pensamento naquela noite agitada.

"A criança estava totalmente distraída em seus brinquedos! O que teria levado o menino ainda pequeno a dizer uma frase como aquela que nem eu entendi direito?!" – eram os pensamentos que também desfilavam pela mente dela.

Deitava-se de vestido mesmo um pouco na cama. O sono não se aproximava. Sentava-se em uma cadeira de balanço na área da casa. O marido de Rosimeire estava com ela no hospital, de tal maneira que Cândida podia *ouvir* o silêncio da casa. Passava as mãos pelos cabelos que procurava acomodar na cabeça utilizando os dedos como escova. Ajeitava a saia como se fosse sair àquela hora da madrugada em direção ao hospital sem nenhuma solução para a situação desesperada da neta rejeitada de maneira cruel pela própria mãe.

"Meu Deus! Socorra-me! Não sei o que faço!" – dizia dentro de si mesma.

Foi até a cozinha e esquentou uma xícara de leite já que nada jantara. Colocou bastante açúcar e sorveu o líquido aos poucos.

Dona Lúcia não podia ver, mas em atenção ao seu pedido de socorro ao Criador, Virgílio estava presente. Também não poderia ter visto quando o mentor aproveitou a xícara de leite e administrou recursos do plano espiritual àquele veículo físico ingerido por ela. Alguns minutos depois Lúcia começou a sentir um leve torpor que atribuiu ao leite morno que havia tomado.

"Bem que a minha mãe dizia que um líquido quente à noite ajuda para conciliar o sono!" – pensou ela.

Não adormeceu profundamente, mas mergulhou em um estado de torpor. Nessa situação sonhou com uma figura vestida com roupa estranha de cor branca circundada por uma discreta luz violeta. Agitou-se um pouco na cadeira de balanço em que cochilara, mas logo mergulhou no torpor novamente. Ouviu uma voz:

– Cândida, minha irmã. É preciso que vá até ao hospital de manhã o mais cedo possível.

– Quem é o senhor? Um anjo de Deus que atende minhas preces?!

– Minha irmã, sou apenas um amigo que traz um recado que irá esquecer quando acordar. Ficará apenas a vontade de ir bem cedo ao hospital onde está sua neta. Lembrar-se-á de Ritinha e sentirá vontade de vê-la mais cedo do que planejara, Cândida. Que a misericórdia de Deus esteja sempre conosco. Paz ao seu coração.

Lúcia despertou sobressaltada na cadeira ao perceber que cochilara um pouco. Pareceu que tinha sonhado com algo do qual não se lembrava. Estava mais calma. Uma resolução, entretanto, estava firme em sua mente: iria mais cedo ao hospital para rever a neta e tentar convencer a filha em aceitar a criança deformada.

– MENTOR VIRGÍLIO, se os encarnados permitissem, nossa colaboração seria mais intensa e resultaria em melhores resultados para eles, não é mesmo? – indagou um dos espíritos em aprendizagem na casa de Rosimeire.

– Sem nenhuma dúvida, meu amigo! O primeiro obstáculo surge quando não acreditam que o nosso mundo interage com o deles. Na concepção atual da humanidade, aquele que "morre" é despachado para um lugar muito distante, incerto, inseguro, indefinível, quando, na verdade, convivemos muito próximo.

"Outra dificuldade é vencer os apelos que o mundo material faz de maneira muito intensa para o encarnado. Quando sugerimos o bom caminho que os afasta do comprometimento moral, preferem ficar do lado das recompensas rápidas, embora passageiras, do mundo físico. É o caminho largo da existência que procuram trilhar não considerando as consequências de tal opção, embora o alerta de Jesus."

– No entanto, irmão Virgílio, as sugestões do mundo espiritual inferior alcançam facilmente guarida entre os encarnados! – voltou a comentar o mesmo aprendiz.

– Sim. Não resta dúvida. Exatamente porque essas sugestões os empurram para o comprometimento moral cedendo aos convites do mundo material. Fica mais fácil dar ouvidos a esses apelos que satisfazem seus desejos imediatistas. Nossas propostas convidam para as recompensas da consciência tranquila que, muitas vezes, se choca com os interesses imediatos do homem físico.

– Pensando por esse caminho, não seria melhor ao encarnado lembrar-se mais desse lado da vida, mentor? O esquecimento temporário não é uma faca de dois gumes no sentido de levar o encarnado a aceitar melhor as más sugestões do que as boas? – foi a pergunta de um outro presente no grupo.

– Todos que voltam ao mundo material levam uma bússola segura na viagem carnal, meu filho. O problema é que amordaçamos a consciência! Fazemo-nos surdos às Leis de Deus que trazemos em nosso íntimo. Elas são o norte seguro que permite, a quem assim o desejar, embora não se lembre de nossa dimensão enquanto mergulhados na carne, não se desviar do caminho reto. A não fugir da porta estreita da existência.

"O problema é que estabelecemos sintonia muito forte com os atrativos e valores da matéria devido à nossa pouca evolução e acabamos por ceder aos convites prazerosos do mundo.

"Diria, então, que o problema não é de lembrar-se de nossa dimensão, mas ter a coragem e a decisão firme de ouvir a voz da própria consciência. Não fosse assim, seria como se a Providência Divina tivesse nos abandonado no meio de um covil de lobos ao mergulharmos em novas experiências na dimensão física, o que não é verdade.

– Realmente, mentor. O senhor tem razão. Na nossa dimensão são muitos que fazem a opção pelo mal, mesmo estando mergulhados em nossa realidade! – comentou mais alguém.

– Muito bem observado, meu amigo! Se a nossa realidade convencesse alguém pelo simples fato de estar desencarnado, não teríamos aqueles nossos irmãos mergulhados de maneira recalcitrante contra o bem em nossa dimensão espiritual da vida.

ANTES QUE OS primeiros raios solares despontassem no horizonte, dona Cândida já estava rumando em direção ao hospital extremamente preocupada com Ritinha.

Enquanto isso, aproximadamente no mesmo horário, Lúcia dirigia-se ao berçário para buscar a criança e levá-la ao quarto da mãe, sob o pretexto da amamentação da menina.

– Aqui está a criança, dona Rosimeire – disse ao adentrar o quarto a auxiliar de enfermagem.

– Meu bem – disse ela ao marido que acordara com a entrada de Lúcia – será que você vai buscar minha mãe em casa? Ela está tão entusiasmada com o nascimento da neta que tenho receio de que ela venha para o hospital sozinha, mal amanheça o dia.

– Até eu não consegui olhar nossa filha direito, Rosimeire. É um tal de deixar essa menina mais no berçário do que aqui com a gente! Deixe-me pelo menos vê-la antes de ir buscar sua mãe. Depois irei trabalhar e vou passar o dia novamente longe de vocês duas.

– Não! – ecoou a voz da esposa com um grito de desespero.

– Mas o que está acontecendo, Rosimeire?! Será que pedi algum absurdo? Você parece que soltou um grito ao invés de falar como uma pessoa normal! O que está acontecendo, afinal?!

– Pedro! Você não gostará de ver a menina!

– E por que não? O que está acontecendo por aqui?

– Pedro! Ela não é normal! É um monstro!

– O quê? Mas do que está falando, Rosimeire?

Lúcia assustada recuou alguns passos com a criança no colo. Tinha os olhos arregalados! As mãos tremiam. Estava pálida porque toda aquela conversa era novidade para ela também.

– Nossa filha é toda defeituosa, Pedro!

– Pois então, quero ver o que acontece. Afinal, eu sou o pai!

Caminhou em direção à auxiliar de enfermagem e ordenou:

– Me dê a criança, moça!

Lúcia estendeu os braços trêmulos entregando-lhe a menina envolvida em peças do enxoval. Pedro pegou a criança e a colocou em cima da cama da esposa.

– Pedro, é melhor que não faça isso! Vai ser melhor para você!

– Mas, Rosimeire, o rosto dela é normal! Mesmo sendo uma recém-nascida possui traços bonitos como os seus!

– Escute-me, Pedro. Não lhe tire a roupa. Nunca mais vai se esquecer do que verá! É um monstro, essa infeliz!

O marido foi tirando devagar as peças de roupa que envolviam o corpinho da criança e afastou-se assustado pelo que viu.

– Mas o que é isso, Rosimeire?! Ela parece um...

– Parafuso, Pedro! Avisei para não lhe tirar a roupa. Não sei o que aconteceu com ela, mas não parece gente. Tenho vergonha das minhas amigas, dos meus pais, de você pelo que eu gerei! Não quero essa criança! Será uma cruz para nós pelo resto de nossas vidas! O que fiz para merecer esse castigo de Deus? – e entregou-se a pranto convulso.

A criança começou a chorar sobre a cama de frio e de fome. Pedro estava como que paralisado pelo que vira. Encostou-se a uma das paredes do quarto próxima da cama da esposa. Rosimeire estancou as lágrimas e retomou o comando da conversa.

– É por isso que Lúcia está aqui. Para ajudar a nos livrarmos desse problema, Pedro. Não quero estragar nossas vidas, nosso casamento, os filhos normais que poderemos ter, com a presença dessa infeliz entre nós!

O marido como que acordou do choque com as palavras da esposa e ponderou:

– Mas como essa moça vai ajudar, Rosimeire?

– Ela irá levar a menina para adoção em um lar que conhece.

Lúcia olhou espantada para a esposa de Pedro que mentia, interrogando-a com os olhos sobre quem poderia acolher uma criança naquele estado?

– Dona Rosimeire... – tentou ponderar a auxiliar de enfermagem.

– Aquele lar do qual você me falou que desejava ardentemente um filho porque havia perdido uma criança, Lúcia – Rosimeire interrompeu a fala da moça fazendo-lhe um sinal com os dedos sobre os lábios para que ela não falasse mais nada.

Pedro estava ainda chocado pela realidade que acabara de tomar conhecimento.

– Lúcia, esse lar aceitará mesmo essa menina desse jeito toda defeituosa? – perguntou o pai ainda espantado com a filha.

– Senhor...

– Não a deixe confusa, Pedro – interceptou a conversa novamente Rosimeire. – Tudo ficará bem. O doutor dará alta para mim hoje. Lúcia levará essa menina para adoção antes de sairmos do hospital. Voltaremos para casa em paz e retornaremos a nossa vida normal e planejando outros filhos que possam abençoar nosso lar.

Não é justo que sacrifiquemos nossas vidas por causa dessa infeliz.

– Mas, Rosimeire, os médicos vão perceber que não estamos levando a menina!

– Direi a eles que você a levou com a minha mãe e que voltará para buscar-me depois. Enquanto isso Lúcia a levará agora antes que o movimento do hospital se normalize. Ninguém notará que ela leva essa infeliz dentro da minha bolsa. Só que tem que ser agora! Se vacilarmos, estaremos colocando em xeque nosso casamento, nossas vidas, nossa chance de sermos felizes no futuro ao lado de filhos normais.

– Mas o pediatra sentirá a falta dela quando não formos ao consultório, Rosimeire! – ponderou o marido.

– Pedro! Já pensei em tudo. Se for necessário, inventarei que fui para a cidade da minha mãe com a menina. Você poderá pedir a sua remoção para outra cidade onde ninguém nos conheça e recomeçaremos nossas vidas sem esse problema insolúvel que é essa criança. Só que o tempo para essa decisão tem que ser agora. Não dá para ficarmos trocando mais conversa sobre o mesmo assunto. Não suporto mais essa situação. Se isso se prolongar por mais tempo, eu irei para um manicômio!

– E essa moça, Rosimeire?! – disse insinuando à esposa sobre o sigilo que Lúcia deveria manter sobre tudo aquilo.

– Ah! Já conversamos muito bem. Lúcia vai frequentar uma faculdade de enfermagem para ser uma enfermeira com a nossa ajuda, Pedro. Tudo ficará certo, basta termos a devida coragem para tomar essa decisão agora! Já! Sem mais perda de tempo! – enfatizou a esposa procurando abrandar o receio dele quanto a uma possível denúncia de Lúcia sobre o acontecimento.

Pedro estava atordoado com aqueles problemas todos que até então desconhecia. Tinha a sensação de que um muro muito alto desabara sobre suas costas aniquilando a paz que usufruíra até então.

A filha que deveria trazer alegria ao lar se transformara em um imenso pesadelo. A esposa com sinais visíveis de abalo emocional devido às deformidades apresentadas pela filha. Além de tudo, a solução encontrada pela esposa para resolver toda aquela situação e sobre a qual não conseguia raciocinar direito! A avalanche de notícias o perturbara terrivelmente!

"Até onde confiar em Lúcia? Qual a melhor decisão sobre tudo aquilo?" – eram pensamentos que fervilhavam e inquietavam sobremaneira a mente de Pedro.

Deixou-se cair pesadamente sobre uma cadeira do quarto apoiando a cabeça com uma das mãos como que mergulhado em um mundo que nunca imaginara pudesse ser o seu.

– ESTAMOS DIANTE de mais um drama do ser humano com todos esses problemas e decisões tomados pelos encarnados envolvidos para *solucionar* o caso – comentou com os aprendizes o irmão Virgílio.

– Podemos considerar que a melhor opção seria abraçarem com amor a menina com seus defeitos, não é mentor? – perguntou novamente um dos espíritos que acompanhavam o drama como aprendiz.

– Não restam dúvidas! A Providência Divina não erra de endereço. Embora não saibamos as verdadeiras razões para todos esses acontecimentos, uma coisa é certa: se procurarmos nos fatos que os antecederam, tudo se encaixará com uma lógica irrepreensível perante a Justiça de Deus.

– Podemos considerar que os irmãos encarnados envolvidos nesse drama estão sendo cobrados por suas consciências sobre as decisões tomadas, não é mesmo irmão Virgílio? – tornou a perguntar o mesmo espírito.

– Sim. Como comentamos anteriormente, a consciência de cada um dos envolvidos grita contra as atitudes em curso. Ocorre que a solução aparentemente mais fácil é livrar-se da infeliz criança. Ficarão com a sensação de se verem livres de maneira completa das dificuldades que ela representa. A consciência de cada um deles brada contra essa falsa saída. Mas, os apelos pelos caminhos largos e fáceis da existência parecem falar mais alto em cada um deles, meus amigos!

– E ENTÃO, senhora? O que devo fazer? – era a voz de Lúcia apavorada com todo aquele desenrolar abrupto de acontecimentos e profundamente angustiada em solucionar de uma vez por todas aquela situação, fosse a decisão qual fosse. – O dia já começa a clarear e não posso me arriscar com as luzes da manhã se for para levar a menina! – continuou ela dando vazão aos seus receios.

– A decisão já está tomada, Lúcia – respondeu rapidamente Rosimeire. – Não percamos mais tempo. Vamos arrumá-la dentro da sacola que trouxe para o hospital quando vim dar à luz e você a leva o mais rápido possível.

E voltando-se para o marido perguntou:

– De acordo, Pedro? Em nome da nossa paz e dos nossos futuros filhos? – forçava a decisão Rosimeire.

– Não sei o que dizer! Parece que estou sob os escombros de um terrível terremoto! Você que vem pensando sobre isso tudo há mais tempo, faça como julgar melhor. Não tenho como raciocinar nesse momento!

– Então vamos logo, Lúcia. Me passe a sacola e a criança!

– Não vai alimentá-la, senhora?

– Não temos tempo. Quem a encontrar se encarregará de fazê-lo. Vamos antes que não dê mais tempo!

Agiu rapidamente preparando a sacola e enfiando dentro dela a criança cobrindo-a com mais peças do enxoval feitas pela avó.

Lúcia apavorada deixou o quarto rapidamente.

Assim que estava encaminhando-se celeremente pela porta de saída do hospital, dona Cândida vinha chegando e reconheceu a sacola muito parecida com a da filha e que vinha balançando nas mãos de Lúcia.

Ao se cruzarem no limiar da porta, a criança chorou de fome e pelos solavancos que sofria dentro da sacola.

IRMÃO VIRGÍLIO QUE acompanhava a cena, comentou:

– Felizmente o homem põe e Deus dispõe! – disse com um leve sorriso.

O DIÁLOGO

DONA CÂNDIDA INTERROMPEU bruscamente os passos, olhou nos olhos da auxiliar de enfermagem e perguntou decidida:

– O que você traz nessa sacola da minha filha, moça?!

– De quem, senhora? – perguntou trêmula a jovem procurando disfarçar a situação.

– Você me ouviu muito bem. O que tem dentro dessa sacola que pertence a Rosimeire, minha filha, que deu à luz nesse hospital? – afirmou resoluta para colocar em xeque a portadora do objeto.

– A senhora não está fazendo alguma confusão? Não conheço Rosimeire de quem a senhora está falando – respondeu vacilante Lúcia, o que não passou despercebido para dona Cândida.

A senhora, experiente da vida e dos seres humanos, resolveu adotar uma tática menos agressiva para ganhar a confiança da moça.

– Qual o seu nome, minha filha? O meu é Cândida.

– Lúcia, senhora. Trabalho aqui neste hospital – continuou extremamente receosa a auxiliar de enfermagem.

– Essa sacola é exatamente igual à da minha filha Rosimeire que deu à luz.

– Que coincidência, senhora! – procurou disfarçar a interpelada.

– Lúcia, minha filha! – ponderou habilmente dona Cândida. – Seria apenas uma simples coincidência se eu não tivesse ouvido um choro de criança dentro dela! Ou estarei enganada?

A jovem empalideceu e passou a demonstrar sinais de nervosismo bastante nítidos. Dona Cândida prosseguiu com habilidade que os anos de vida lhe haviam conferido.

– Posso conversar com você apenas por um minuto naquele banco de jardim em frente ao hospital? Não vou tomar muito o seu tempo. Serei breve, por favor!

Lúcia, extremamente assustada, não esboçou reação de recusa ao convite educado e aquiesceu.

Cândida colocou uma das mãos no ombro da jovem e como que a conduziu ao local indicado.

Sentaram-se. Novo choro foi ouvido, o que levou Lúcia a ficar apavoradíssima! Não conseguiu olhar na face da senhora sentada ao seu lado.

Dona Cândida prosseguiu com habilidade.

– Não fique apavorada, minha filha. Sou capaz de imaginar o que está ocorrendo. Não vou culpá-la absolutamente de nada, pode ficar tranquila. Apenas, por favor, não minta para mim – disse segurando uma das mãos da jovem.

O nervosismo de Lúcia tornou-se incontrolável até que culminou com as lágrimas da moça.

– Por favor, senhora! Não queria fazer isso, mas dona Rosimeire me tentou com uma oferta irresistível para os meus sonhos de vida.

– Eu acredito em você, meu bem. Minha filha tinha me dito que iria se desfazer dessa infeliz menina que nasceu com um aleijão físico, como se um ser humano fosse um objeto sem vida e facilmente descartável. Sei que dentro dessa sacola, que é dela, está minha neta de quem ela quer se desfazer, não é mesmo?

– É sim, senhora – respondeu Lúcia com as lágrimas a escorrer-lhe pela face. Perdão, senhora!

– Nada tenho a lhe perdoar, minha filha. Imagino o que ela deve ter oferecido a você para conseguir consumar os planos dela!

– É que eu tenho um sonho de estudar para ser enfermeira, mas não tenho dinheiro. Dona Rosimeire ofereceu-se para pagar esse curso em troca de eu levar a criança e deixar na porta de alguma casa – confirmou continuando a chorar.

– Entendo, Lúcia. Você é jovem e tem seus sonhos e a minha filha soube tentá-la com eficiência. Meu Deus, como ela está errando!

– Perdão mais uma vez, senhora! – tornou a lamentar a jovem.

– Fique em paz, Lúcia. É errando que nós aprendemos na vida. Você poderá reparar esse seu erro e, ao mesmo tempo, conquistar o diploma tão desejado por você.

– Como assim? Eu não vou mais levar a criança embora. Vou entregá-la para a senhora!

– Com certeza, meu bem! Eu vou assumir minha neta junto à minha consciência e à Justiça Divina.

Aguardou um pouco para que a moça se acalmasse e prosseguiu:

– Você vai dizer para a minha filha que deixou a criança na porta de alguma casa, que é o que ela queria.

– Mas, dona Cândida! Eu já disse que não vou continuar com esse plano de sua filha!

– Claro que não! Mas do mal que Rosimeire pretendia fazer, irá surgir um bem. Ela fará um bem, mesmo tentando fazer o mal a essa criança.

– Desculpe, mas não estou entendendo nada do que a senhora está dizendo!

– Veja bem: ela prometeu pagar-lhe o curso para você continuar estudando como deseja, não foi?

– Sim, mas em troca de eu abandonar a filha em alguma casa!

– Pois, então. Você vai manter essa história absurda e cruel vinda dela. Eu vou assumir minha neta e ela, Rosimeire, acreditando que Ritinha foi abandonada, irá pagar-lhe o curso. Dessa maneira a impedimos de praticar o mal que desejava e acabará praticando um bem ao ajudar você. Dessa forma ela vai fazer alguma coisa boa no meio dessa maldade toda que ela planejou.

– Mas isso não é honesto, dona Cândida! Não vou cumprir a minha parte nessa história!

– E abandonar a criança à própria sorte seria honesto, Lúcia?! Você acha que alguém adotaria uma criança defeituosa? Praticamente minha neta seria condenada à morte! Mantendo na aparência a trama que Rosimeire planejou, salvamos a menina e você será beneficiada com a conquista em sua profissão.

– A senhora levará a criança para a sua casa?

– Não, Lúcia. Infelizmente meu marido é um homem violento! Jamais aceitaria uma criança defeituosa. Vou ter que planejar uma forma de vida em que eu possa amparar minha neta de alguma maneira, nem que tenha que esmolar para isso. Mas consumar a maldade da minha filha, jamais!

– Meu Deus! Como uma pessoa como a senhora pode ter uma filha como ela?

– Cada um de nós é de um jeito, Lúcia. A vida vai nos ensinando o que precisamos aprender. Quando tiver a minha idade entenderá melhor. Só lhe peço uma coisa nessa história toda.

– O quê, dona Cândida?

– Nunca mais pactue com um ato desonesto como esse, minha filha! Sua consciência jamais terá paz e nem todo o dinheiro do mundo ou posição social de importância apaziguará a consciência culpada! Jamais conseguirá se esconder dos seus erros porque eles ficam como que marcados em nós para onde formos.

A moça ouvia cabisbaixa, apenas fazendo um discreto movimento de cabeça concordando com as colocações daquela senhora.

– Conquiste o título que deseja em sua profissão, mas o empregue apenas para o bem, nunca para o mal, Lúcia.

– Sim, senhora. Não tenho coragem para olhar em seu rosto, dona Cândida!

– Vem para cá e me dê um abraço, minha filha! Graças a Deus não praticaremos o mal planejado por Rosimeire e isso é uma grande vitória!

A jovem aproximou-se vacilante, envergonhada, mas Cândida a puxou delicadamente contra o peito e beijou-lhe a fronte.

– Vá em paz, Lúcia. Apenas prometa-me sempre utilizar sua profissão para ajudar as pessoas.

– Sim, senhora. Eu prometo. É o mínimo que posso fazer. E não devo dizer para a sua filha o que aconteceu na realidade?

– Não. Deixe-a pagar-lhe o curso que deseja para estudar. Ela estará praticando alguma coisa boa na vida. Dessa forma, do mal que não se concretizou surgirá um bem, o que já é uma esperança. Além do mais, se você contasse a ela que fiquei com a menina, ela viria atrás de nós e tudo recomeçaria novamente.

– Nunca vou esquecer seus conselhos e da senhora, dona Cândida. Deus a abençoe. E para onde a senhora vai com a criança, se não se importa que eu pergunte?

– No momento vou passar na casa de uma amiga, dona Maria João, para me alimentar na fé em Deus através dessa pessoa fabulosa. Depois, não sei qual será meu rumo e meu destino. A única certeza que tenho é a de que não posso permitir que minha neta seja abandonada como se fosse uma "coisa" sem valor.

Abraçaram-se e se despediram emocionadas. As duas mulheres tinham a consciência em paz. Uma por não ter concretizado o mal de que fora incumbida. A outra, por ter a firme decisão de lutar por uma criança condenada à morte pela própria mãe!

Enquanto se distanciava de dona Cândida, Lúcia refletia na atitude de desprendimento daquela avó em abraçar a criação de uma criança deficiente física abandonada pela própria filha.

"Não aceitarei a proposta da dona Rosimeire! Não seria honesta para comigo mesma. Deus há de me ajudar a conquistar o diploma de enfermeira que tanto desejo de uma outra forma. Não realizarei esse meu grande sonho ao preço de uma mentira. Entendi a intenção de dona Cândida para criar a oportunidade da filha fazer alguma coisa boa em meio a tanta maldade que existe naquele coração. Mas não serei o instrumento para que isso aconteça. Arrumarei uma desculpa para adiar a faculdade por enquanto. É melhor do que aceitar aquela proposta desonesta da filha de dona Cândida! O tempo irá passar, não verei mais dona Rosimeire que acabará esquecendo-se do seu compromisso. Melhor assim, sem nenhuma dúvida." – estava firmemente decidida a essa correta resolução a auxiliar de enfermagem Lúcia.

E enquanto assim decidia, mais em paz se sentia consigo mesma.

– MEUS AMIGOS e irmãos – retornava aos ensinamentos irmão Virgílio sempre presente aos acontecimentos do drama que acompanhava junto com os seus aprendizes. Acabamos de assistir duas pessoas que optaram pela porta estreita da existência. Dona Cândida abraçando as lutas que serão árduas para criar a neta e a nossa irmã Lúcia que bravamente decidiu abandonar a proposta desonesta da mãe da criança.

– E agindo assim, mais condições deram para serem auxiliadas pela Providência Divina, não é mentor? – indagou um dos aprendizes.

– Sem nenhuma dúvida. Ao abrirem mão das conveniências do mundo com as suas recompensas imediatas, mais dignas se tornam do socorro de Deus. Nossa irmã Cândida poderia não ter assumido a neta e as batalhas ásperas que terá que enfrentar no amparo à criança. E Lúcia abriu mão do seu sonho maior, no momento, que seria obtido por meios desonestos. Ambas fizeram opção pela recompensa da Justiça Divina que é duradoura, embora possa tardar mais do que a do mundo físico.

– Irmão Virgílio, como explicar a coragem de uma mãe abandonar a própria filha, ao mesmo tempo em que a avó mais idosa não receia enfrentar as intempéries do mundo para amparar a neta? – questionou um dos espíritos presentes.

– Meu filho, a verdadeira família é aquela que se liga pela afinidade espiritual e não pela consanguinidade de acordo com as leis terrenas. Entre Rosimeire e Ritinha não existem os robustos laços que unem a avó e a neta. Essas duas estão unidas por laços espirituais. A ligação entre os espíritos é forte e está preparada para enfrentar as dificuldades por maiores que elas sejam.

– Podemos, dessa maneira, concluir que Ritinha e dona Cândida estão envolvidas desde tempos anteriores a essa existência presente, o que impediu a avó de titubear em amparar a neta nessa sua difícil provação? – continuou a perguntar o mesmo espírito.

– É a única explicação mais plausível, mais lógica, mais fácil de ser compreendida, meu amigo. Veja você a importância da reencarnação. Como explicar o abandono da criança pela própria mãe, enquanto a avó sai em socorro da neta sem vacilar? Somente os laços anteriores podem justificar essas aparentes discrepâncias da vida!

– E como poderia ter sido esse envolvimento das duas, irmão Virgílio? – descuidou-se em perguntar o aprendiz.

– Ah, meu filho! Como posso eu saber sobre o passado dos envolvidos sem a autorização das Leis maiores? Prossigamos acompanhando o drama e auxiliando no que nos for possível. O que for necessário ao nosso aprendizado sobre o passado das duas nos será revelado. No momento nos cumpre orar por todos os envolvidos e trabalhar providenciando o amparo que nos for possível proporcionar para suavizar tantas dores que se apresentam e que se anunciam no horizonte de nossas amigas.

POUCO TEMPO DEPOIS de despedir-se de Lúcia, dona Cândida batia à porta de dona Maria João...

NA CASA DE MARIA

– BOM DIA, Maria. Ritinha veio conhecê-la – disse dona Cândida levantando a bolsa onde estava a criança.

– Sejam bem-vindas, amigas. Entrem logo. Vamos dar um dedo de prosa. Enquanto isso, fico conhecendo sua neta.

Dona Cândida sentia-se muito bem na presença de dona Maria João. A fé daquela mulher a contagiava e dava-lhe forças. Como isso acontecia ela não sabia explicar, mas a presença de dona Maria era para ela um santo remédio.

– Mas o que está fazendo com a menina na rua, minha amiga? – perguntou dona Maria após perceber que aquela situação não era normal. – Essa menina não deveria estar no hospital junto com a mãe? Apesar de tudo o que me contou sobre sua filha, é claro.

– Pois é, Maria. Como já expliquei para você a situação ontem, as coisas pioraram muito!

– Pioraram como, Cândida?

– Você acredita que ela seduziu alguém para se livrar da menina?

– Se livrar da própria filha? Mas como? Para matar a criança?

– De uma certa forma sim, Maria. Seduziu uma jovem do serviço de enfermagem para levar a Ritinha e abandoná-la em uma porta qualquer longe do hospital.

– Meu Deus! Que moça sem coração, Cândida! Nem parece sua filha! Me desculpe, mas é isso que eu sinto.

– E você tem razão, Maria. Abandonar essa criança é o mesmo que matá-la de uma forma indireta. Quem vai querer adotar um ser assim defeituoso?

– Mas ela tem um rosto tão meigo!

– Só o rosto, Maria. Do pescoço para baixo, o tronco e o ventre é todo deformado como se fosse um parafuso, como já lhe falei.

– Vamos dar uma olhada para ver se você não está exagerando, minha amiga.

Antes, porém, que a criança que havia sido retirada da sacola e estava nos braços da avó fosse despida, o menino Zezinho aproximou-se da menina e exclamou:

– Marcelle! Como você vem de longe!

E depois se afastou continuando a brincar como se nada tivesse acontecido.

As duas mulheres se entreolharam. Dona Maria João manteve a expressão normal do rosto, mas dona Cândida olhou espantada para a amiga.

– Já te falei, Cândida. O Zezinho tem dessas coisas que nem eu e nem o pai entendemos. Não ligue para ele.

– Mas você ouviu o que ele disse? Marcelle? O que esse menino tem, Maria?

– Ah! Não ligue para ele. Coisas de criança. Vive soltando essas frases sem pé nem cabeça pela casa. Como te falei, o pai acha que ele é meio... Sabe como? – e fez um gesto característico com um dos dedos da mão para expressar que o menino não era normal da cabeça.

– Mas ele aparenta ser uma criança normal. Dócil.

– E é, Cândida. Zezinho é um amor, mas tem esse costume. Nós já desistimos de entender. Pedi ao padre para benzê-lo, mas o bom homem sorriu e disse para não me preocupar porque as crianças vivem num mundo de fantasias. Por isso, não repare, não. Vamos ver sua neta. Deixa o meu filho com as fantasias dele.

Assim que as peças de enxoval foram retiradas, o corpinho defeituoso da criança foi exposto aos olhos de dona Maria.

– Que judiação, Cândida! Um rosto tão bonito num corpo todo deformado.

Logo depois, comentou:

– Mas se Deus quis assim, quem somos nós para não aceitar, não é mesmo, minha amiga?

– Gostaria de ter sua fé, Maria. Precisava ter sua fé para as batalhas que irei enfrentar!

– Como assim, Cândida? O que vai fazer, companheira?

– A única alternativa que me resta é assumir a menina. Não posso levá-la a Rosimeire depois da atitude extrema dela em querer se desfazer da criança. Para minha casa nem pensar, porque meu marido é violento e jamais aceitaria essa criança como sua neta. Então, não tenho muitas escolhas, amiga.

– Se minha casa fosse um pouco maior eu cederia um espaço humilde, mas de bom coração para você, Cândida. Infelizmente, com esse bando de filhos não tenho como abrigá-las.

– Claro que não, Maria. Passei por aqui para que você conhecesse Ritinha antes de partirmos.

– E para onde vão, Cândida?!

– Sabe Deus, Maria. Só Ele deve saber. Mas tenho que ir embora de perto da minha filha.

– Vou fazer o seguinte: aguarde um pouco que vou falar com padre João. O padre de nossa igreja é uma pessoa muito boa. A paróquia tem alguns quartinhos num bairro bem pobre da cidade. Pedirei a ele que arrume um deles para você e a menina enquanto pensamos em alguma coisa melhor.

– Ah! Maria! Já imaginei o que me esperava quando resolvi abraçar minha neta. Esse quartinho é tudo o que eu preciso, minha amiga. Se der certo, vai ser o meu palácio! Não desejo nada melhor.

– Então ficamos assim: vou falar com o padre João. As pessoas que moram nos quartinhos recebem também uma ajuda em algum tipo de alimento por semana doado pelos paroquianos. Vai ajudá-la como um socorro de emergência, amiga.

– Seria uma bênção do céu, Maria!

– Mas antes disso tudo, vamos alimentar essa coitadinha que não para de chorar! Tenho um pouco de leite de vaca que misturarei com água e um pouquinho de açúcar e daremos para essa pequena. Deve estar morta de fome, Cândida!

– E como Maria, e como!

– IRMÃO VIRGÍLIO! Esse padre João, que dona Maria João está se referindo, vem a calhar com o ditado de que o hábito não faz o monge, ou seja, a pessoa boa está em qualquer religião, não é assim? – indagou um dos aprendizes que acompanhava o desenrolar do drama.

– Eu diria, meu filho, que a alma boa está acima de qualquer religião. A bondade é interior, é um tesouro do espírito, não existe pelo fato de a pessoa ser dessa ou daquela religião.

"Os homens se dividem em nome de correntes religiosas e se esquecem que se desentendem por um Deus que é único!

"Quantas guerras, quantos crimes, quanto fanatismo em nome da religião dos homens! Para lembrar apenas alguns episódios, podemos nos recordar das chamadas *cruzadas*, em que durante quase dois séculos exércitos partiam em guerra contra os muçulmanos para libertar a chamada *terra santa* por onde Jesus teria passado. Tem sentido isso? Milhares de vidas serem extintas por terras que ficaram no mundo?

"Podemos também nos lembrar da denominada *noite de são Bartolomeu*, na qual centenas de seres humanos que professavam a religião protestante foram dizimados pelos fanáticos católicos que não consideraram o primeiro e maior de todos os mandamentos! O período lamentável da Inquisição é outro episódio triste da história da humanidade! Intensos sofrimentos foram impostos a determinadas pessoas por seus semelhantes sob as mais extravagantes acusações e se torturava, prendia e matava em nome do Deus que é Amor!

Esse não é o maior dos mandamentos que Jesus nos ensinou: amar a Deus sobre todas as coisas e ao próximo como a nós mesmos? Dessa maneira, quem se atrita, se agride, usando o nome do Criador fere o maior de todos os mandamentos! É uma briga vã na qual não existem vencedores, apenas perdedores que contraem pesadas dívidas perante a própria consciência."

– Outro aspecto que gostaria de lembrar, irmão Virgílio, é o de que a pessoa boa não necessariamente está comprometida no sentido de pertencer mais intimamente a essa ou aquela corrente religiosa. Por exemplo, dona Maria João faz dos compromissos junto ao lar e aos filhos o seu templo religioso, não é assim? – acrescentou o mesmo espírito da indagação anterior.

– Claro que sim. Assumir um lar na Terra, receber espíritos que são filhos do Criador para conduzi-los ao bom caminho, cuidar para que uma simples casa seja um lar, é uma missão elevada aos olhos de Deus, meu filho!

– Como assim, cuidar para que uma casa seja um lar? Fiquei meio confuso, desculpe, irmão Virgílio – voltou a se manifestar. Uma casa se constitui em um verdadeiro lar quando nela existem o respeito recíproco entre todos, o trabalho honesto para a conquista do pão diário, o companheirismo entre um homem e uma mulher que se unem pelos laços do amor sincero, independentemente de cerimônias religiosas, sejam elas quais forem. Uma casa se transforma em um lar quando nesse ambiente se venera a Deus através de atitudes de amor ao próximo e não com simples palavras que o vento leva, meu amigo.

ASSIM QUE RITINHA tomou todo o leite que foi ofertado a ela pelas mãos bondosas de dona Maria, a mãe de Zezinho falou:

– Cândida, tive uma ideia! Vamos procurar agora o padre João para que ele veja a menina e sinta a sua grande necessidade de um daqueles quartinhos que a Igreja tem para ajudar os mais necessitados. Ele, vendo a gravidade da sua situação, dará preferência ao seu caso.

– Está bem, Maria. Iremos com você para que o padre avalie a situação dessa criança infeliz, minha amiga.

Após dar algumas ordens aos filhos mais velhos para que cuidassem do lar enquanto dava uma saída com dona Cândida, elas se puseram à busca do padre João. Encontraram-no na sacristia da igreja cuidando de alguns papéis de importância da sua paróquia. Já na presença do religioso, dona Maria procurou explicar a situação angustiante da amiga e sua neta.

– Padre João, viemos implorar ao seu coração generoso a caridade para a nossa amiga e sua netinha.

– Se puder ajudar, dona Maria, conte comigo.

Colocado a par da situação e vendo o triste quadro apresentado pela criança, o padre se sensibilizou com os aflitivos problemas de dona Cândida e Ritinha.

– Que situação lamentável, minhas filhas. Entretanto, não vamos ficar analisando e julgando a atitude da mãe da criança. A consciência dela fará isso. Perdemos muito tempo julgando as atitudes de nossos semelhantes esquecendo-nos de que existe uma Justiça soberana que dá a cada um segundo as suas obras. Vamos aproveitar esse tempo para socorrer na medida de nossas possibilidades. Tenho um dos quartos vago no momento. Poderei cedê-lo para a senhora Cândida e a menina. Também providenciaremos alguns alimentos e tudo haverá de melhorar.

Voltando-se para Cândida, perguntou:

– Você frequenta a igreja, minha filha?

Dona Cândida ficou meio constrangida, mas foi sincera:

– Vou falar a verdade para o senhor, padre. Frequentava normalmente antes de casar. Infelizmente me casei com um homem violento e extremamente ciumento, o que foi dificultando minha frequência à minha religião.

"Apesar de nunca ter dado o menor motivo, ele me vigiava e implicava até com o fato de ir até mesmo à igreja. Dessa maneira fui me retraindo para evitar problemas entre mim e ele, já que me encontrava casada e com uma filha que é a mãe de Ritinha.

"Minha vida foi se tornando difícil a cada dia que passava devido ao gênio dele. Até que um dia agrediu-me brutalmente e me marcou para o resto da minha vida. Fiquei revoltada e me afastei de vez da minha religião, padre."

– Bem, minha filha. Não sei o que se passou nessa ocasião entre você e seu marido, mas consideremos que Deus não tem culpa dos nossos atos. Ele nos criou para que nos amássemos. Infelizmente, muitas pessoas se revoltam contra o Criador quando sofrem um revés na vida. Isso é lamentável porque, quanto mais nos afastamos d´Ele, mais difícil fica para o Pai nos auxiliar.

"A descrença levanta barreiras difíceis de serem transpostas para que o socorro Divino nos alcance. Entretanto, veja como Ele cuida de nós: por meio de nossa irmã Maria você chegou até a nossa presença e a comunidade da nossa Igreja poderá auxiliar a você e a sua netinha. Percebeu como Deus age quando permitimos, minha filha?"

– É verdade, padre. Mas fui duramente golpeada por meu marido num momento de loucura dele e creio que Deus há de me perdoar.

– Com certeza, minha filha, com certeza. Mas vamos providenciar o mais urgente para o momento: a pequena que mal acabou de nascer e já está em situação dolorosa.

– Padre, por que Deus permite que nasça uma criança com tal deformidade? – perguntou a avó.

– Ah, minha filha! Quem sou eu para dar explicações sobre os desígnios de Deus? Não tem um ditado que diz que Deus escreve certo por linhas tortas? Pois, então! Somente Ele sabe os motivos. Não nos cabe discutir as razões d´Ele, dona Cândida. Se nos revoltamos contra determinadas situações da vida é como se desafiássemos a Providência Divina exigindo explicações que não estamos em condições de saber e muito menos de compreender. Confiemos no Pai abrandando nossos corações por mais ferido que eles estejam e receberemos a coberta conforme o frio, minha filha.

IRMÃO VIRGÍLIO QUE estava presente junto com os seus aprendizes, aproveitou a colocação de padre João para comentar:

– As explicações que excluem o uso do raciocínio levaram muita gente ao materialismo. Lógico que o nosso bom amigo representante da Igreja católica expõe as razões aceitas por sua fé. Ele aceita essas explicações que não permite a análise, o raciocínio porque são dogmas impostos aos seus fiéis, mas muitos irmãos nossos que deram um passo à frente nas interrogações sobre as diferenças que a vida constantemente não se cansa de mostrar, acabaram tragados pelo materialismo. Dizem eles: 'Que Deus é esse que escolhe alguns de Seus filhos para nascerem marcados pelas dificuldades pelo resto da vida? Como pode um nascer cego enquanto tantos nascem com a luz dos olhos? Por que a criança deficiente mental entre tantas que gozam do juízo perfeito? Por que o deficiente físico ao lado do atleta?'

"Se esse Deus abre exceção para um único ser que venha ao mundo com problemas enormes, Ele não é perfeito! Como escolhe esse ou aquele para vir marcado pela infelicidade dentre milhares que não têm dificuldades maiores? Que Pai é esse que traça um destino cruel para alguns dos Seus filhos? Por que os milhares mergulhados na pobreza enquanto alguns poucos nascem em berços milionários?

"'Não! Definitivamente, para quem raciocina, Deus não pode sobreviver! É uma invenção das religiões para submeterem aqueles que não raciocinam ao comando das ideias religiosas que não conseguem dar uma explicação satisfatória, lógica, clara, não dogmática para as desigualdades da vida. Prefiro o materialismo que oferece uma explicação mais concreta, mais palpável, mais lógica! Faço opção pelo *nada* que é mais justo do que esse Deus cujas injustiças desfilam pelo mundo para quem quiser ver!' – é a forma de pensar, infelizmente, de muitos irmãos nossos envolvidos com ideias materialistas.

"E, realmente, a descrença mergulhou inteligências brilhantes na ideia de que a vida é um jogo de dados onde alguns estão do lado da sorte e outros do lado da desgraça."

– Irmão Virgílio, mesmo assim, as religiões ainda preferem refutar e combater a reencarnação que tudo explica de maneira tão clara compatibilizando a bondade de

Deus com a Sua justiça e misericórdia, não é assim? – interrogou um dos espíritos que compunham a equipe.

– Pois é, meu filho. Veja como o orgulho dos homens os torna cegos. Se as dores, as dificuldades que atingem determinadas pessoas não têm origem na atual existência, encontram-se com a mais absoluta das certezas em existências passadas.

"Quando passamos a raciocinar com as vidas sucessivas, tudo se esclarece, tudo se explica, compatibilizando a justiça, a bondade e a misericórdia de Deus.

"Se Deus é absolutamente justo, as dores da hora presente se originam de desatinos do momento atual ou estão semeadas no passado de cada um. Não pode ser de maneira diferente. Mas para que esse raciocínio seja válido, não podemos dispensar a ideia das múltiplas existências em diversos corpos, como Jesus pretendeu deixar bem claro a Nicodemos. A reencarnação é o atestado de óbito do materialismo!

– Podemos considerar que um dia a reencarnação será aceita pela maioria, senão por todas as religiões e seres humanos, irmão Virgílio? – indagou outro dos presentes.

– Na medida em que a inteligência do homem for evoluindo como determinam as Leis da Vida, se tornará mais fácil a esse mesmo homem descobrir provas de que a reencarnação é uma verdade e não uma poesia de algumas religiões ou ideias filosóficas.

"O próprio ser humano deseja em seu íntimo melhores explicações sobre a existência tão curta sobre a face da Terra por mais longa seja ela no calendário humano.

"Quantas vezes não se exclama: 'Nossa! Como o tempo passa rápido! Como a vida é curta!'

"A morte ou a desencarnação é a maior interrogação do homem porque não poupa a ninguém. Assim sendo, podemos considerar que a realidade após a morte é o maior desafio a ser vencido por todos aqueles que hoje estão em um corpo físico e amanhã estarão fora desse mesmo corpo com o fenômeno da morte.

"A resposta ao enigma – de onde viemos, o que estamos fazendo aqui e para onde iremos – somente poderá ser conhecida pela aceitação da reencarnação. Como explicar existências curtíssimas de alguns minutos ou horas e outras mais longas que atingem a velhice avançada? Como explicar os seres deficientes físicos ou mentais ao lado de verdadeiros atletas? Como explicar os que nem um teto possuem ao lado daqueles que vivem em verdadeiras mansões? Como explicar o que não tem o pedaço de pão amanhecido ao lado daqueles que reclamam do que têm à mesa farta?"

– Irmão Virgílio, dona Cândida tem falado algumas vezes da agressão que sofreu do marido e que a marcou pelo resto da existência. Algum dia poderemos saber o que aconteceu entre eles para o nosso aprendizado? – foi outra pergunta surgida entre os aprendizes.

Irmão Virgílio sorriu e comentou:

– Meu filho, se as Leis maiores julgarem necessário para a nossa aprendizagem e como alerta para entendermos os enigmas da vida, tal revelação irá surgir naturalmente. Por enquanto nos cabe continuar a auxiliar na medida de nossas possibilidades, como faz o nosso bom irmão, padre João, que não procura respostas para o drama de nossa irmã e sua neta. Apenas confia na Providência Divina sem maiores indagações.

"Muitas vezes perdemos o tempo que poderia ser empregado na caridade buscando respostas que não modificarão o quadro presente. Enquanto isso o necessitado sofre mais intensamente as agruras da situação a que está submetido. Por isso, sempre antes da curiosidade, a caridade, prezados irmãos, sem negarmos nenhuma cota de tempo para atender à segunda condição. Trabalhemos, pois!"

– Irmão Virgílio, o senhor abordou esse aspecto de satisfazer a curiosidade. O interessante é que as pessoas, que creem na reencarnação, ficam sempre com aquela pontinha de curiosidade para saber o que já foram em existências anteriores. O que pensar sobre isso? – foi a pergunta que surgiu depois dos comentários do mentor.

– Inútil vaidade e lamentável orgulho, meu filho! Se quisermos saber o que fomos no passado, basta ter a devida coragem de analisar o presente. Jamais fomos melhores no sentido moral. Aqueles que tiveram um passado de glórias perante a própria consciência, habitam os planos melhores da vida. Todos nós que nos encontramos vinculados às esferas mais inferiores, tivemos um passado comprometedor perante as Leis maiores e aqui estamos para resgatar esses débitos. Por isso que vasculhar o passado na vã tentativa de encontrar grandes revelações em relação aos espíritos necessitados da escola da Terra será sempre buscar decepções perante nós mesmos.

"Sempre uma maior quota de dívidas pesou sobre nossos ombros. Se já está difícil tocar o barco de nossas vidas no presente, para que acrescentar o peso do passado? Teria a Providência Divina se enganado ao determinar a bênção do esquecimento?

"O que seria melhor para um preso que cumpriu a sua pena e ganhou a liberdade: que todos conhecessem seu passado de presidiário ou que desconhecessem esse momento da vida dele para proporcionar novas oportunidades de regeneração?

"Da mesma forma podemos nos analisar. Estivemos prisioneiros de nossa consciência pelos erros cometidos. Qual a vantagem de sabermos disso no momento presente? Apenas iria acrescentar mais dificuldades em nossas lutas! De tal maneira que já basta a cada um de nós as soluções que o momento atual está a nos solicitar. Se dermos conta dos compromissos que trouxemos para a atual existência, já podemos nos considerar como satisfeitos. Muito satisfeitos!"

– Desculpe, irmão Virgílio, mas a medicina atual pratica a terapia de vivências passadas na qual se busca a causa dos problemas atuais apresentados por uma pessoa com uma determinada doença psicológica, cuja origem se encontra em outras existências daquele espírito com a finalidade de ajudá-lo com os problemas da existência presente. Como interpretar isso? – retornou ao assunto o mesmo aprendiz.

– Como você coloca, trata-se de uma terapêutica para determinados problemas graves que podem ser auxiliados pela medicina com os progressos que essa ciência realiza com a permissão de Deus.

"Aqui não se trata de uma mera curiosidade, mas sim a busca de auxílio para o tratamento de determinadas enfermidades emocionais. Deixemos, portanto, tal prática a cargo dos consultórios especializados no assunto.

"Não devemos por mera curiosidade buscar esse acesso ao nosso passado, na inútil esperança de que fomos coisas melhores do que somos hoje porque espírito nenhum regride, no máximo estaciona. Analisando o que é agora, qualquer espírito pode deduzir o que foi no passado sob o ponto de vista moral. Eu insisto nessa colocação porque me parece que é muito difícil o encarnado se conscientizar dessa realidade. O orgulho e a vaidade deixam sempre uma ponta de esperança que leva o interessado a procurar informações nem sempre são fidedignas sobre quem foi.

"O interessante é que os vitoriosos do presente não se preocupam com o passado. Prosseguem em sua marcha procurando cada vez ser melhores servindo sempre.

"Os mais comprometidos moralmente são exatamente aqueles que buscam esse acesso ao que já teriam sido, como uma espécie de consolo para o pouco que apresentam na atualidade.

"Portanto, mais uma vez, trabalhemos sem a preocupação de olhar para trás! Jesus não afirmou que quem pegasse no arado, não se voltasse a olhar para onde já tivesse trabalhado a terra, mas sim prosseguisse em seu trabalho? Será que não podemos aplicar essa lição também nesse aspecto para não vasculharmos o ontem e nos dedicarmos muito ao momento presente?"

AS RECORDAÇÕES DE DONA CÂNDIDA

DEITADA NO LEITO humilde do quarto que o padre João arrumara para ela e a neta, Cândida recordava-se de fatos de há muito tempo e que a colocaram naquela situação do presente.

Ritinha estava alimentada com o leite de vaca diluído que lhe fora ofertado pela bondade do padre e dormia na mesma cama com a avó. Aliás, o único leito.

A senhora voltava em pensamentos no tempo e rememorava alguns acontecimentos desde seu nascimento até a sua vida de jovem, mais especificamente da noite em que Afonso estivera pela primeira vez na casa de seus pais.

Nascera por volta no ano de 1870 em família religiosa, lar constituído pelo respeito e amor entre os familiares. Cumpriam rigorosamente seus compromissos perante a Igreja católica. Portanto, fora batizada, crismada e frequentava a santa missa em companhia dos pais.

Formara-se no magistério e dava aulas em uma pequena escola da cidade gratuitamente, já que a família proporcionava-lhe os meios de subsistência como filha única que era. Os pais tinham orgulho da menina comportada e cumpridora de seus deveres para consigo mesma e junto ao lar abençoado.

Transformara-se, sem falsa modéstia, numa bela moça de olhos verdes, cabelos acastanhados, pele morena clara e medidas bem proporcionadas arrematada por uma estatura estimada em um metro e setenta. Compunha, portanto, uma bela figura de mulher.

Como toda jovem, tinha seus sonhos da mocidade. Esperava encontrar um homem que a amasse verdadeiramente e, juntos, pudessem construir um lar como aquele em que tivera a sorte de nascer.

Desejava muito, como não poderia deixar de ser, ter filhos que preenchessem com muita vivacidade a casa e completasse a felicidade do casal. O alarido das crianças correndo de um lado para o outro na casa, lembraria os pássaros felizes que voavam de um pé de planta para o outro no grande quintal de sua casa.

Como seria bom chegar até a velhice com netinhos em sua volta e chamando-a de "vovó"!

Até com os detalhes da futura planta da casa onde iria morar ela sonhava.

Os vasos de flores no peitoril das janelas. As cortinas rendadas como se fossem pequenos pedaços de nuvens colocados dentro da casa. O jardim onde plantaria muitas flores. Um pequeno pomar e uma horta muito bem cuidada que atendesse as necessidades da família. Até mesmo um cachorrinho amoroso pensava em ter para a alegria das crianças. Não como brinquedos dos filhos, já que os animais sentem dor, têm fome, ficam doentes e sofrem muito com os maus-tratos que, porventura, recebam. O animalzinho seria tratado com muito carinho como se, de uma certa forma, fizesse parte de uma família feliz.

Tinha a certeza de que Deus a ajudaria encontrar esse companheiro com quem sonhava, como qualquer moça na sua idade. Sonhar assim é ter a felicidade presente e ao alcance das mãos antes mesmo que os sonhos se realizem.

Era imensamente feliz com os pais e desejava dar prosseguimento a essa felicidade no lar que iria constituir.

Foram essas as primeiras lembranças de Cândida recolhida naquele leito pobre, mas muito asseado.

Os pensamentos continuavam a evocar o passado.

Em uma determinada manhã, senhor Arthur, o pai, a chamou e na presença da mãe iniciou um diálogo com o qual jamais imaginara.

– Minha filha, sente-se aqui conosco um pouco que queremos falar-lhe sobre o seu futuro.

Fora apanhada de surpresa com aquela colocação do pai porque jamais imaginou que ele cuidasse do seu futuro! Isso era um direito dela, que era a maior interessada nos planos que alimentava.

O pai falar sobre as decisões que cabiam a ela? Que coisa mais estranha!

Entretanto, como filha muito bem educada obedeceu às ordens paternas, mas um estranho presságio inquietou a sua alma.

– Pois não, papai.

– Você é uma moça muito bonita, minha filha. Saiu com toda a formosura da sua mãe.

– Mas os olhos verdes são do senhor, meu pai – atalhou sorrindo.

– Sim. Mas esses olhos são apenas um detalhe em toda a sua delicadeza, minha filha. Mas como ia dizendo, uma moça como você que cresceu em um lar abençoado por Deus, com uma educação primorosa e essa sua beleza toda, era natural que despertasse a atenção de algum homem muito bem-intencionado, Cândida.

– Também tenho traçado alguns planos para o futuro dentro dos meus sonhos, papai. Gostaria de ficar com o senhor e a mamãe para o resto da minha vida, mas creio que tenho que constituir minha família, já que os pais, infelizmente, não são eternos. Se fossem, minha opção seria para ficar aqui em casa até o fim dos meus dias, meu pai.

– Você está certa, filha. Da mesma forma como eu e a sua mãe deixamos nossos pais para constituirmos um novo lar, a você também caberá destino semelhante.

– Entendo, papai. Mas ainda não compreendi o que o senhor quer me dizer. Por acaso está querendo despachar-me daqui? – disse em tom de troça.

– Bem sabe que não, minha filha. Você é o nosso único e maior tesouro. Por isso mesmo queremos o melhor para você, meu amor.

– Continuo sem compreender, papai.

– Serei mais direto. Você conhece nosso vizinho de terras, o senhor Afonso?

– Já ouvi falar dele por vocês mesmos, meu pai. Não o conheço pessoalmente, mesmo porque de casa só saio para dar as aulas que adoro e frequentar a santa missa aos domingos.

– Pois, então, Cândida. Ele demonstrou interesse, em um encontro que tivemos, em conhecê-la. Trata-se de um bom partido, minha filha.

Sofreu um choque com aquela proposta do pai! Olhou para a mãe que estava com a cabeça baixa a mexer os dedos de uma mão com a outra demonstrando nervosismo.

Aquele homem, pelo que ouvia dizer dentro da sua própria casa, era bem mais velho do que ela! Como traçar planos com uma pessoa cuja diferença de idade era incompatível com os mesmos sonhos que os dela? Não fora essa situação que em suas orações pedira a Deus tantas vezes! Não! Talvez tudo não passasse de um pesadelo do qual ela iria acordar o mais breve possível!

Foi como que despertada do seu silêncio pela voz do pai:

– E então, minha filha? Ouviu o que eu disse sobre o nosso vizinho Afonso?

– Sim, papai, ouvi. E se me permite dizer, ele não é o homem com quem tenho sonhado, meu pai. É bem mais velho do que eu!

– Isso não é problema, Cândida. A pessoa mais velha terá, com certeza, mais experiência para fazê-la feliz. Além disso, tem uma situação financeira estável, construída exatamente por ter mais idade do que você. Terá segurança financeira, que é uma condição para a felicidade, minha filha.

– Pode até ser, meu pai, mas não é o suficiente. O dinheiro é necessário, mas não garante a paz e a felicidade de ninguém. Prefiro um homem que tenha idade de compartilhar de meus planos, papai. Alguém mais velho já não tem as mesmas ilusões sobre a vida.

– Disse bem, Cândida, ilusões da vida! A vida trata de realidade, filha, e não de sonhos irrealizáveis e de ilusões que não se concretizam. Com ele terá já o momento presente assegurado. Daí para ser feliz a distância é muito mais curta do que com um homem jovem cheio de planos que poderão não se realizar.

– Mesmo assim prefiro correr o risco, meu pai. Sou jovem e preciso de um companheiro que compartilhe comigo de planos característicos da minha idade. Esse senhor Afonso, por ser mais velho, terá outros objetivos, outras metas na vida, meu pai!

– Como seu pai, Cândida, desejo sua felicidade e, por isso, insisto em que conheça esse senhor. Não pode julgá-lo a distância! Precisam ser apresentados, trocar palavras antes de fazer um julgamento prévio da pessoa.

– Se me ama e deseja minha felicidade, papai, por favor, não marque nenhum compromisso com essa pessoa por mais que a julgue adequada para elegê-la como a minha companhia ideal para o resto da minha vida. Veja bem, papai, para o resto da minha vida que poderá ser muito longa. Já pensou ficar ao lado de alguém que não se ama por anos a fio? Seria como o inferno na Terra, meu pai!

– Isso discutiremos depois que vocês conversarem. Por agora, não vou aceitar sua recusa antecipada. Esse negócio de idade é preconceito e preconceito não leva a bons resultados. Marcarei um jantar em nossa casa para que possam se conhecer melhor. Verá que seus receios não têm fundamentos e que o seu pai está fazendo a escolha certa para você.

– Com todo o respeito, papai, o senhor está tirando-me o direito de escolha e serei eu quem terá que viver ao lado de alguém a quem não amo e, por isso mesmo, não serei feliz!

– Continua com seus julgamentos precipitados. Primeiro vamos ao jantar. Depois retornaremos ao assunto. Por ora é só, minha filha.

Levantou-se e distanciou-se dos pais com a impressão de que também deixava para trás a possibilidade de ser feliz.

Como ficariam os seus sonhos de moça que tinha o direito de ser feliz junto a alguém da sua escolha e não imposta pela figura paterna?

"Meu Deus! Livrai-me dessa situação. Não é isso que tenho pedido ao Senhor em minhas orações!" – angustiava-se em pensamento, Cândida.

E exatamente como desejava o pai, um jantar foi marcado para que a filha e o pretenso genro se conhecessem. Recordava-se naqueles minutos de volta ao passado que chegara a ouvir colocações do pai quando conversara com a mãe sobre o convite que seria feito ao pretendente à mão dela.

– Cândida ainda é muito jovem e nada entende sobre a realidade da vida. Como seu pai sinto-me na obrigação de zelar pelo seu futuro. Diferença de idade não é obstáculo para um casamento seguro. Afonso já é dono de uma bela propriedade e tudo indica um futuro promissor para minha filha e netos. Que bobagem é essa de eliminar um pretendente desse apenas porque é mais velho e, consequentemente, mais experiente? A vida é feita de realidades e não de sonhos! Casando-se com ele já terá uma bela casa na sede da fazenda sem ter que enfrentar as agruras como tive quando me casei com você, Zefa. Tive que dar muito duro para hoje ter um relativo conforto. Cândida não. Já terá uma garantia financeira sólida para que tudo dê certo em seu casamento e na sua vida. Caso ela me venha com histórias de jovem sonhadora depois de conhecer Afonso, falarei com você para que ponha juízo na cabeça dela. Ou será que você vai querer que sua filha passe por todos os apertos pelos quais passou? Mais velho! Mais velho! Que mal há nisso? Não dizem que o vinho quanto mais velho melhor? Pois, então! Afonso seria esse vinho mais apurado que convinha aos interesses de Cândida! O que pensa disso, Zefa?

– Penso que a menina tem o direito de ter seus sonhos de moça, Arthur. A gente não precisa ter pressa em que ela se case. É muito nova, de boa formação e muito bonita. Não há de faltar partido para ela.

–Até parece que mãe e filha pensam igual! Mas eu darei um jeito nelas e nessa situação! – resmungou o marido sem se importar com o comentário da esposa.

Cândida continuou a recordar os fatos passados.

Na noite do jantar a mesa estava posta com os mais finos talheres e porcelanas conforme a ordem dada pelo dono da casa. Os cristais finos dos copos e taças também desfilavam sobre a mesa recoberta por uma toalha importada. Velas depositadas nos candelabros de apurado bom gosto davam um toque requintado à sala de jantar que exibia móveis talhados em caríssimas madeiras-de-lei.

Afonso comparecera vestindo um terno de linho de cor escura. O colete dava um toque de pompa à vestimenta arrematada por uma gravata oriunda de terras estrangeiras. Era um homem com os seus trinta e oito anos, que contrastava com a jovem de apenas vinte. Cabelos negros e curtos penteados rigorosamente para trás. Um fino bigode contornava seus lábios. Olhos também escuros conferiam ao rosto pálido um ar de grande sisudez. Pouco sorria. Gestos estudados e que revelavam o conhecimento da etiqueta vigente, expunha ao sentar-se uma bota preta de cano longo e de fino couro. Pela linha da cintura também ficava aparente grossa cinta que acompanhava a cor do calçado. A corrente do relógio de ouro de alto quilate prendia-se em um dos passadores da calça e mergulhava em direção a um dos bolsos apropriados para o objeto. Um lenço de seda de cor clara arrematava o conjunto colocado em um bolso do colete.

Conversavam na sala da casa muito confortável. O assoalho de madeira de largas tábuas era revestido por tapete importado e de bom gosto.

O diálogo se passava entre os homens já que Cândida e a mãe, dona Josefa, mantinham a cabeça baixa e um ou outro discreto sorriso escapava diante de alguma colocação onde eram mencionadas.

Tinha a certeza absoluta, diante daquele homem, da frustração de seus sonhos. Tinha um mau pressentimento em relação àquela figura masculina que o pai queria impor-lhe como marido.

A mãe, de coração opresso pela filha, de vez em quando apertava-lhe uma das mãos como querendo comunicar-lhe a sua solidariedade. Entendiam-se, mãe e filha, apenas pela troca de olhares. Olhares esses que não passavam despercebidos ao pai de Cândida, embora não o fosse por Afonso, que mais se dirigia ao futuro pretenso sogro do que à figura feminina que poderia representar a futura esposa.

Depois de algum tempo de *prosa* no qual praticamente somente as figuras masculinas se falaram, todos foram para a mesa apreciar os quitutes preparados pelas empregadas da casa, sempre sob a supervisão da esposa do anfitrião.

– Ficamos felizes com a sua presença em nossa casa, Afonso – manifestou-se na tentativa de fazer-se agradável ao visitante o pai de Cândida. – É sempre bom ser vizinho de um homem bem-sucedido na vida e ainda jovem – voltou a colocar com a intenção de enviar o seu pensamento à filha que se mantinha calada até então.

Ela entendeu a mensagem e trocou um rápido olhar com o pai, voltando a olhar para a louça fina em que se serviam os quitutes daquele jantar indesejável para ela.

Dessa vez os olhares entre pai e filha não escaparam à observação atenta de Afonso que resolveu insinuar-se.

– Não tão jovem como a sua filha que está no esplendor da mocidade, senhor Arthur! E, diga-se de passagem, uma moça lindíssima! – atreveu-se.

Não conseguiu o efeito desejado com as suas palavras. Fez um breve movimento de elevação do rosto sem enunciar nenhuma palavra. O pai interviu:

– Pois é! Fico imaginando os netos bonitos que ela dará a mim e à mãe dela, senhor Afonso, já que Cândida está na idade de pensar em casamento e filhos.

– E a senhorita, com certeza, já deve ter vários pretendentes! – voltou a insinuar-se Afonso.

Quem respondeu rapidamente foi o pai:

– Não tem não, Afonso. Nossa filha é muito recatada e jamais deu trela para algum desses rapazes que não têm onde cair morto, se é que me entende, Afonso.

– Como não, senhor Arthur? Casamento pressupõe uma situação financeira sólida, bem definida, que esses jovens de hoje em dia ainda não podem oferecer aos anseios de uma mulher! – acrescentou Afonso para dar ênfase às palavras do pai da jovem.

Ela não se conteve:

– O dinheiro não é tudo, senhor Afonso. Antes dele há de vir o amor. Dinheiro e beleza exteriores correm o risco do tempo levar o que haja trazido!

– Nossa! Como a senhorita tem pensamentos profundos! – comentou o rapaz asseando um dos cantos da boca com o fino guardanapo de puro linho.

– Não repare não, Afonso – colocou o pai com o receio de que a conversa não tomasse o rumo desejado por ele. – Cândida não quis criticar seu ponto de vista. Ela é assim mesmo. Como professora que é, lê muito e os pensamentos pulam de um lado para outro em sua cabecinha ainda muito jovem. E da cabeça chegam rápido à boca – disse sorrindo.

– Fique tranquilo, senhor Arthur. Entendo a colocação da senhorita e até concordo com ela – dissimulou para ser agradável.

– Concorda? Vejo que é um jovem sagaz Afonso. Além de uma situação financeira sólida, é de uma psicologia invejável para um homem com tão pouca idade – falou mordaz o senhor Arthur procurando derrubar o argumento da filha sobre a diferença de idade entre os dois. – Tem todas as condições de fazer feliz a uma mulher, Afonso.

– E é exatamente esse um dos motivos pelo qual aceitei esse seu convite gentil de comparecer à intimidade de seu lar, senhor Arthur.

Ela primeiramente havia corado e depois empalideceu. Temia por aquele momento da conversa. Esfregou as mãos nervosamente.

– Como assim, Afonso? Além de nos conhecermos como bons vizinhos que temos sido, qual seria a outra intenção de sua visita? – perguntou com hipocrisia.

– Como o senhor bem sabe, sou um homem de situação financeira definida e desejo casar-me para completar a minha vida, ou seja, ter meu lar, minha esposa, filhos e tudo mais que um homem de bem pode desejar. Como colocou muito bem a senhorita Cândida, dinheiro não completa um homem. É preciso todo um conjunto de circunstâncias para a felicidade.

– Cada vez me surpreendo mais positivamente com você, meu jovem! – argumentou Arthur.

– E se me permitem, dona Josefa, senhorita Cândida e o senhor, a minha intenção ao vir até a intimidade do lar dos amigos é demonstrar meu interesse em conhecer melhor a senhorita para fins sérios. Afinal, não estaria aqui declarando essa minha intenção com objetivos não compatíveis com tão honrado lar.

Ela respondeu quase automaticamente dando vazão aos seus sentimentos reprimidos até esse momento:

– Muito me honra a sua intenção, senhor Afonso, mas não tenho idade para assumir compromissos mais sérios como um homem da sua idade entende que deve ter. Desculpe-me.

– Cândida! – foi a voz alterada que se ouviu de Arthur, quase esmurrando a mesa onde saboreavam a refeição.

– É que a minha filha ainda deseja passar mais um tempo conosco, senhor Afonso – colocou dona Josefa em socorro da filha.

– Isso conversaremos depois! – disse, de face rubra pela raiva e pelo vinho já ingerido, o pai de Cândida. – Suas intenções para com a minha filha muito nos honra, Afonso! Pode ter certeza. Ficaríamos felizes de tê-lo como membro da família! Cândida precisa ser esclarecida por mim e pela mãe de como é a realidade da vida, meu amigo. Assim que compreender, saberá avaliar melhor a honra das suas intenções para com ela. Continuaremos vizinhos e amigos para no futuro, que desejo seja breve, podermos estreitar mais esses laços – disse sorrindo e batendo nos ombros de Afonso o pai de Cândida.

– Esse também é o meu desejo, senhor Arthur. A senhorita Cândida ainda é muito jovem e presa fácil das ilusões da vida. Creio, porém, que com o seu auxílio e da senhora Josefa, ela irá reconsiderar as minhas sérias intenções sobre sua pessoa.

– Com certeza, meu rapaz! Com certeza – respondeu o anfitrião batendo cordialmente no ombro de Afonso.

Eram essas as angustiosas recordações que continuavam a desfilar pela mente de dona Cândida, ajeitando a coberta em torno do corpo da neta no quartinho arrumado com carinho pelo padre João.

Depois, continuando a recordar, se lembrou de ter procurado o socorro da mãe após o jantar indigesto.

– Mamãe! Pelo amor de Deus! Não quero me casar com esse homem! Ele tem quase o dobro da minha idade! Não terá, com certeza, sonhos iguais aos meus! Já é velho para mim!

– Eu te entendo, minha filha! Mas o seu pai é um homem difícil quando contrariado em suas opiniões! É carinhoso enquanto não o contradizem. Entretanto, quando discordamos de suas ideias fica furioso.

– Não serei feliz ao lado desse homem, mamãe! Posso sentir isso! É uma espécie de mau presságio!

– Filha, invoquemos o socorro de Deus! Nada ainda foi consumado. Quem sabe o seu pai não muda de ideia?

– Como a senhora mesma disse, ele é um homem turrão, teimoso e não costuma voltar atrás em suas decisões. Juro que prefiro a morte!

– Cândida! Por Deus, minha filha! Vamos aguardar os acontecimentos!

Os pensamentos de dona Cândida começaram a fugir-lhe, o cansaço venceu e ela acabou adormecendo com Ritinha nos braços naquele pequeno quarto onde a pobreza e a humildade fizeram morada.

AS RECORDAÇÕES CONTINUAM

– ACABAMOS DE visualizar a narrativa de uma parte da história de vida de nossa irmã Cândida através dos seus pensamentos – era irmão Virgílio que se manifestava presente no ambiente do pequeno quarto que abrigava as duas: avó e a neta.

"Digo visualizar porque o pensamento movimenta energias que podem ser vistas em nossos planos. Quando estamos encarnados, conseguimos pensar escondidos dentro do refúgio do corpo físico. Após a desencarnação esse esconderijo é perdido e tudo o que pensamos adquire formas na dimensão espiritual.

Aliás, essa é uma das surpresas que aguarda o recém--desencarnado quando retorna à sua dimensão de origem. Acostumado a pensar, digamos assim, escondido enquanto na carne, é submetido a grande constrangimento em seu retorno ao mundo dos espíritos quando seus pensamentos não são bons. Fica exposto aos demais espíritos, principalmente aos de evolução superior a sua."

– Mentor, – perguntou um dos alunos que junto com

Virgílio presenciara as recordações de dona Cândida.
– Podemos dizer que a nossa irmã pensou em voz alta perante a nossa percepção no ambiente do seu pequeno quarto?

– De uma certa forma sim. Nunca pensamos sozinhos. Quantos encarnados não dão vazão aos maus pensamentos e creem estar sozinhos com aquilo que pensam?! Nunca estamos. Emitimos a energia do que pensamos que são captadas pelos espíritos desencarnados.

"Se nos voltamos ao bem, convocamos a presença dos bem-intencionados. Se damos guarida ao mal, chamamos pelas más companhias. Sozinhos, porém, nunca estaremos.

"E agora chamo a atenção para o fato de nossa irmã Cândida que teve seu corpo físico adormecido pelo sono natural da noite, ter acesso a nossa dimensão espiritual. Como o foco do seu pensamento ao adormecer foi a recordação do seu compromisso matrimonial junto a Afonso, ela poderá dar prosseguimento a esses pensamentos em nosso plano, oportunidade em que continuaremos conhecendo um pouco mais do seu passado recente.

"Muitos encarnados pensam que a vida, quando dormem, entra num estado de suspensão e todas as atividades se encerram. Mas não se passa dessa maneira. Pelo menos para o espírito imortal que continua suas atividades de acordo com a diretriz que absorveu sua atenção enquanto o corpo estava em estado de vigília.

"Dessa maneira, como Cândida tinha sua atenção absorvida pelas recordações dos fatos que se passaram na sua mocidade, poderá dar prosseguimento em nosso plano a essas lembranças da sua juventude. Vamos observar.

E REALMENTE CÂNDIDA prosseguiu relembrando os tempos que antecederam sua união ao cônjuge naquela existência, como se contasse sobre sua vida a alguém muito querido.

"Afonso continuou as suas visitas cada vez mais frequentes à nossa casa com a total aprovação de meu pai. Manifestava minha angústia à minha mãe Josefa que compreendia meus sentimentos, mas ponderava o gênio forte de meu pai em ver seu ponto de vista contradito.

– Cândida, minha filha. Meu coração sofre por você. Como mulher entendo os seus sentimentos, mas seu pai é um homem que não aceita que discordemos de seu ponto de vista. E esse rapaz, o Afonso, caiu nas graças dele.

– De rapaz ele não tem nada, minha mãe. Na realidade ele é um homem velho se comparado aos meus vinte anos. Como poderá sonhar os meus sonhos?! Ele já passou dessa idade com os seus trinta e oito anos, minha mãe!

– Peçamos a Deus que ele, pelo menos, seja uma pessoa de índole boa, minha filha. E aguardemos o rumo que as coisas irão tomar.

Mas os fatos seguiram em direção a uma proposta de noivado naquela noite lamentável para mim!

Após mais um dos jantares onde meu pai e Afonso conversaram sobre negócios de terras e de gados, fomos convidadas a nos dirigirmos para a sala de visita ampla e ricamente decorada de acordo com a moda da época. Afonso vestia-se, como de costume em suas vindas até nossa casa, com um terno impecável. Meu coração estava aos saltos pressentindo o real motivo daquela reunião onde as mulheres da casa foram solicitadas. Geralmente ficavam conversando apenas entre eles.

– Josefa e Cândida! Pedi que comparecessem a nossa sala de visitas porque esta noite é muito especial para todos nós. Como vocês duas bem sabem, Afonso tem propósitos dignos desde a sua primeira visita. Estivemos conversando durante todos esses meses e, finalmente, chegou o dia em que passarei a palavra ao nosso ilustre convidado.

Meu coração parecia que ia saltar pela minha boca. Minhas mãos estavam geladas. Uma sensação de angústia muito grande invadia todo o meu ser. E infelizmente as palavras de Afonso vieram confirmar todo o meu receio.

– Dona Josefa e senhorita Cândida. Como revelei desde a primeira noite em que aqui estive, propósitos dignos me direcionaram a esse lar a quem devo todo o meu respeito. Tenho conversado muito com o senhor Arthur e hoje gostaria de manifestar minha decisão a vocês duas também.

Eu permanecia imóvel. Minha mãe, coitada, participava da minha angústia, mas muito pouco ou quase nada podia fazer diante da figura de meu pai que era carinhoso desde que não o contradissessem em suas decisões. E foi então que ouvi, o que cada dia mais eu temia, da boca do senhor Afonso:

– Tenho a honra de pedir a mão da senhorita Cândida em noivado. E para sacramentar esse pedido, trouxe-lhe esse mimo – disse expondo aos olhos de todos um anel com uma considerável pedra de brilhante.

Meu coração se transformou em uma pedra fria exatamente como a daquela do anel que nada significava para mim, a não ser uma punhalada em meus sonhos de juventude. Permaneci imóvel por fora e tremendamente agitada por dentro quando a voz do meu pai soou como um trovão em noite de tempestade.

– E então, minha filha? Não vai dizer nada ao seu noivo? Olha a maravilha de joia com que ele está te presenteando!

Consegui retornar à realidade dura e balbuciar timidamente:

– Mais uma vez agradeço a atenção do senhor Afonso, meu pai, mas devo dizer que ele deve escolher uma noiva que possa fazer justiça aos sentimentos dele.

Meu pai tornou-se rubro pela cólera como sempre acontecia.

– Não se ofenda, Afonso. Cândida precisa apenas de uns esclarecimentos a mais para reconhecer que a vida a está presenteando com o melhor partido para ser seu marido. Sabe como é essa mocidade: não têm ainda maturidade para reconhecer a felicidade quando esta lhe bate à porta. Fique tranquilo porque ela entenderá esse meu ponto de vista. E agora, vamos continuar nossa conversa de homens que já acordaram para a realidade da vida. Já descemos, digamos assim, do carrossel de sonhos da juventude e colocamos nossos pés no chão da realidade, meu amigo. Com Cândida converso depois!

– Tudo bem, senhor Arthur! Além do anel com que presenteio sua filha com muito gosto, quero dizer também que já mandei providenciar a antiga capela da minha fazenda que será de todo reformada e enfeitada para o casamento, caso a senhorita aceite, é claro! Faremos uma festa somente para os familiares.

Quanto mais Afonso tentava ser agradável, mais o meu temor aumentava. As palavras de meu pai traziam uma ameaça velada para minha pessoa em relação eu aceitar aquele homem como marido. Assim que se afastaram, abracei minha mãe com desespero e fui compreendida pela alma boa daquela mulher que jamais exigiria de mim um sacrifício tamanho.

– Está tudo muito bem, Afonso. Está tudo muito bem! Pode considerar o compromisso do noivado e o futuro casamento como certo e dar continuidade ao seu projeto para ser meu genro!

Ouvi meu pai dizendo a ele já distante de nós, enquanto permanecia abraçada a minha mãe como um náufrago agarrado em um pedaço de madeira flutuante em pleno mar.

Assim que o visitante se despediu, meu pai abordou-me para conversar:

– Cândida, por mais bem que lhe queira, não posso

permitir que estrague seu futuro com esses sonhos passageiros de uma moça ainda muito jovem.

– Afonso não faz parte dos meus sonhos e nem de meus planos, meu pai!

– Exatamente porque está numa fase da vida que não consegue enxergar a realidade. Vive projetando quimeras, utopias, que não fazem parte da realidade, Cândida. Não posso permitir que deixe escapar um futuro seguro com esse rapaz.

– Com esse senhor bem mais velho, meu pai?!

– Está vendo como coloca empecilhos onde eles não existem?! É exatamente essa diferença de idade que o faz um bom partido. Está amadurecido, vive a realidade e não navega em sonhos da juventude. Tem os pés no chão. E como já disse, não posso permitir como seu pai, que jogue fora um partido que tem tudo para fazê-la feliz e dar-lhe a segurança de um lar.

– O senhor confunde situação financeira estável com amor meu pai. Não sinto nada por esse senhor e não quero enganá-lo em relação aos meus sentimentos.

– Pois a proposta está feita e eu a aceitei!

– Se o senhor realmente me ama, como sua filha, não me obrigue a isso meu pai!

– É exatamente por te querer bem que o faço. Você é muito jovem. Está iludida com a vida que não é como você pensa. Essa afirmativa de que tendo amor se vive em qualquer lugar e em quaisquer condições é mentira de poeta que não tem o que fazer! Coisa de quem vive no mundo da lua!

E voltando-se para a esposa que ouvia de coração aflito pela filha a conversa do pai autoritário, ordenou:

– E você Josefa, que tem amor a sua filha, vê se põe juízo na cabeça dela. Acorda essa menina dos sonhos em que ela vive! É sua obrigação de mãe!

– Mas, Arthur! Ela é muito nova e ainda não deseja se casar! Vamos dar mais um tempo a ela.

– Dar mais um tempo e perder esse bom partido que é esse moço?! A hora em que Cândida resolver arrumar um marido, ela vai ter que aceitar um pé rapado qualquer e ser infeliz para o resto da vida!

– De qualquer modo, meu pai, casando-me com esse homem, eu também serei infeliz!

– Mas pelo menos tentamos com uma pessoa com condições de te dar uma vida boa e sem preocupações.

– Vejo que o senhor sempre coloca o dinheiro como condição importante, papai. E o dinheiro não compra a felicidade de ninguém.

– Não, não compra, mas manda buscar! – disse o pai irritado e ironicamente. – E vamos parar com esse assunto que já me cansou! E você Josefa, tome as providências junto a essa sua filha sem juízo! – completou apontando o dedo para mim e para minha mãe.

Os dias que se sucederam foram uma repetição desses diálogos ou monólogos onde somente meu pai tinha razão e o direito de decidir. Minha mãe, coitada, não ousava contradizê-lo, embora entendesse toda a minha angústia.

O tempo se esgotou diante da inflexibilidade de opinião de meu pai e, para a minha infelicidade, me vi diante do altar da igreja da fazenda do senhor Afonso.

O ambiente externo era um contraste com o meu interior. Flores maravilhosamente dispostas por pessoas de fino gosto, contratadas por ele, enfeitavam magistralmente o altar, os poucos bancos e o corredor do templo religioso.

Um tapete recém-comprado se estendia para a minha passagem como se eu fosse realmente de encontro à felicidade.

Meu vestido de noiva ficou lindíssimo com os recursos financeiros proporcionados pelo meu pai que parecia ser quem iria assumir o compromisso matrimonial.

Poucos convidados escolhidos a dedo por Afonso e por meu pai estavam presentes como testemunhas da minha infelicidade, embora de nada desconfiassem e desejassem aos noivos toda a felicidade que o mundo pudesse proporcionar.

E toda essa beleza exterior contrastava com o meu estado de alma profundamente infeliz.

Vi, diante daquele altar, morrer todos os meus sonhos de noiva e da possibilidade de ser feliz com a constituição de um lar, com filhos e um marido a quem eu verdadeiramente amasse.

As lágrimas que minha mãe derramava e que alguns convidados interpretavam como sendo de emoção diante do casamento da filha eram, na verdade, por amargura, porque compartilhava de minhas frustrações.

Enfim, tudo estava consumado. Ficava a pensar diante de toda aquela cerimônia e da festa que a seguiu sem que nada sensibilizasse o meu interior levando a mínima esperança de dias felizes, o que me estaria reservando o destino dali para frente?

Mal sabia eu!...

AS VISÕES DE MARCELLE

– PREZADOS COMPANHEIROS na longa estrada da evolução, a autorização para que continuemos analisando os registros de nossa irmã Ritinha em suas existências anteriores continua vigorando, dando-nos a oportunidade sagrada e valiosíssima de aprendermos com as quedas de nossos semelhantes para que não venhamos a incidir em comportamento semelhante nas situações que se apresentarem em nosso caminho. Por isso, com todo o respeito que essa oportunidade merece, continuemos a observar os arquivos dessa nossa irmã em difícil provação na existência atual, vitimada pela deformidade física.

Era irmão Virgílio que comparecia junto à menina recém-nascida para continuar estudando os acontecimentos da atual existência de Ritinha e sua avó.

Tocou uma região do cérebro da neta de Cândida, responsável pelos registros do pretérito, e passou a observar juntamente com os demais o desenrolar dos acontecimentos que compunham aquele triste drama da criatura humana.

MARCELLE PROSSEGUIA COM suas denúncias junto ao *Tribunal* contra as pessoas que a contrariassem de alguma maneira, principalmente aquelas que se referissem a alguma propriedade de interesse da sua família.

Fazia a denúncia e não se satisfazia com o resultado final do processo instaurado e que acabavam por permitir que ela entrasse na posse dos bens cobiçados. Não. Ela comparecia com regular frequência a assim chamada *torre da verdade*, local onde os investigados injustamente eram submetidos à tortura física e moral quando não cediam diante das ameaças menores da *Instituição*, pactuada com os interesses espúrios da denunciante.

Alexandre havia desencarnado sob as torturas a ele impostas pela terrível máquina em que alongava seus braços e pernas, ao mesmo tempo em que executava uma torção gradativa do tronco provocando dores atrozes e danos físicos irreversíveis ao condenado.

O espírito dessa vítima que partiu do mundo físico sob imensa revolta, jurara vingança, principalmente porque acreditava firmemente na continuação da vida e na possibilidade do reencontro futuro tanto na dimensão espiritual como na existência material em novos corpos físicos.

Aliás, esse fora o motivo da denúncia que sofrera por parte de Marcelle, que o entregou ao *Tribunal* encarregado de fazê-lo confessar-se em erro e renunciar àquelas ideias incompatíveis com a crença religiosa imperante na época. O outro lado da denúncia que era de auferir o lucro de entrar na posse das propriedades do denunciado, não era manifesto por ela seguindo, dessa maneira, a orientação recebida de Leonardo.

Outras vítimas existiram da jovem denunciante que semeava *ventos para colher tempestades*, segundo as Leis da semeadura e colheita que a todos vigiam.

As recompensas imediatas consequentes dos atos abomináveis que cometia não lhe permitiam raciocinar sobre a vida futura. Jamais considerava tal possibilidade para não interromper suas aparentes vitórias e conquistas desonestas que pontilhavam a sua existência atual.

De idêntica maneira como fizera em relação a Alexandre, Marcelle assistia na *torre da verdade* aos sofrimentos que as pessoas denunciadas por ela vivenciavam até a morte física através dos aparelhos de tortura existentes naquele local.

Dessa maneira, foi colecionando inimigos espirituais que aguardavam, sedentos de vingança, a transferência de moradia de sua acusadora através do fenômeno da morte, que a ninguém poupa, para a dimensão espiritual da vida que nunca se interrompe.

Sua irmã Georgete, porém, não participava diretamente desse local, poupando-se de assistir a cenas inesquecíveis e lamentáveis, mas usufruía dos bens resultantes do mecanismo maquiavélico de obtê-los.

E como a Lei é implacável, ela também se inscrevia perante o tribunal de sua consciência como futura acusada pelo mal praticado contra pessoas inocentes, embora com gravidade menor do que a da irmã.

Os convites para comparecer à *torre da verdade* por parte de Marcelle à sua irmã para assistir aos mecanismos de tortura impostos aos investigados que teimavam em não confessar suas culpas, eram renovados sempre por ocasião da ida da denunciante àquele local.

Marcelle se manifestava ironicamente diante da recusa da irmã.

– O que teme, Georgete? Prefere a mordomia de usufruir dos lucros de minhas denúncias passando a imagem de *santinha* a não comparecer à *torre*?

– Não teme a Justiça Divina, Marcelle? – retrucava amedrontada a irmã.

– Pelo contrário. Estou zelando pela nossa convicção religiosa ao denunciar esses malucos com ideias e comportamentos inaceitáveis pela nossa religião!

– Não sei, não! Mas torturar e até matar porque discordamos de suas maneiras de pensar?

– Quem escolhe o próprio destino é cada um deles. Se renegarem às maluquices que fazem ou falam, apenas recebem uma boa reprimenda. Somente os que teimam é que chegam a situações extremas, minha irmã. Eu diria que cada um faz a sua própria sentença de acordo com a disposição de mudar de opinião e de atitudes. Que culpa temos nós, então?

– Não tenho a sua convicção, Marcelle. Por isso prefiro não me aproximar daquela tal de *torre da verdade*.

– Pois eu não! Gosto de ver até onde estão convencidos sobre as suas opiniões quando chegam até lá os culpados.

– E você acha que se essas pessoas fossem culpadas não confessariam a sua deserção diante da ameaça à própria vida? É a convicção delas sobre a verdade do que pensam que dá forças para enfrentar até mesmo a própria morte, minha irmã.

– Você é quem sabe, Georgete. Eu continuo indo até o fim para ver se realmente dizem a verdade ou renunciam sobre seus pontos de vista diante do sofrimento. Somente dessa maneira podemos zelar pela integridade de nossas convicções religiosas.

IRMÃO VIRGÍLIO QUE continuava a acompanhar esses registros obtidos do espírito encarnado como Ritinha na atual existência, não perdia a oportunidade de analisar as atitudes dos encarnados envolvidos em seus dramas, tecendo comentários que esclarecessem os espíritos em processo de aprendizado.

– Reparem na dificuldade de valorizarmos os apelos da consciência quando estamos encarnados, especialmente quando em situação de aparente vantagem no mundo material.

Marcelle sabe na profundidade do seu ser que sua atitude não é correta. Entretanto, como que hipnotizada pelas vantagens materiais que aufere por meio de seu comportamento infeliz, continua como que se desviando da própria consciência e dando prosseguimento a sua semeadura de dores que virão mais tarde em sua vida.

– Mas, irmão Virgílio, o espírito encarnado não entende que um dia a morte ceifará seu veículo físico e ele terá que retornar para a nossa realidade de espíritos imortais onde terá contas a prestar diante da própria consciência? – perguntou um dos aprendizes diante da atitude de Marcelle que recalcitrava contra uma atitude mais digna.

– Se o ser humano contemplasse, mesmo que a distância, a realidade da breve existência na carne, não cometeria todos os erros de que é capaz! Quantos crimes, quantas atitudes desonestas não seriam evitadas se a realidade da morte fizesse parte das considerações dos encarnados.

"No entanto, mesmo contemplando a verdade de que a morte existe e não manda aviso prévio nos lares alheios, a pessoa em erro não leva em consideração que o seu próprio dia também chegará. Basta analisarmos inúmeras existências dos companheiros que no momento atual se encontram na experiência física para constatarmos essa triste e perigosa realidade. Exploram os que lhes estão abaixo como se fossem imortais. Impõem sofrimentos variados como se fossem imunes à morte. Desdenham do semelhante como se fossem eternos nas vantagens breves que lhes caracterizam a marcha. Creem que estão blindados da justa e certa prestação de contas pelo excesso de dinheiro ou do poder que usufruem transitoriamente.

– O senhor não acha que seria melhor nos lembrar-mos do passado como um mecanismo de alerta contra esses desmandos? – indagou outro aprendiz que compunha a equipe sob a responsabilidade de irmão Virgílio.

– A lembrança tornaria insuportável a carga de erros que transportamos em nossa ficha, meu amigo. A consciência possui total condição de nos alertar quando nos desencaminhamos da boa estrada. Basta ter a devida dose de coragem e verdade para ouvi-la.

"Deus em Sua infinita sabedoria jamais nos deixaria sem uma bússola, sem um norte nas perigosas estradas da vida. O que ocorre é a atração que os prazeres do mundo ainda exercem sobre cada um de nós devido à pouca evolução de que somos portadores.

"Qualquer encarnado no gozo de sua saúde mental sabe que não está no mundo para ser o causador do mal a alguém. Ninguém veio ao mundo para ser o agente do sofrimento alheio, da desonestidade, da corrupção.

"Quando o caminho largo e fácil da existência nos acena como o *cântico da sereia*, a consciência procura fazer-se ouvida. Mas insistimos naquela posição onde obtemos os lucros imediatos, embora transitórios, da existência em curso.

"Sufocamos essa voz interior para atender ao chamado do mundo com as suas recompensas imediatas, embora fugazes e enganadoras."

– Mas aqui em nossa dimensão o preço a ser pago é muito caro! – manifestou-se outro dos integrantes do grupo, como fazendo uma análise de si mesmo.

– Sem nenhuma dúvida, meu filho! Ao despertar em meio à colheita dolorosa da semeadura realizada na dimensão física, passamos a bradar pela misericórdia do Criador, quando não nos entregamos à revolta como se estivéssemos sendo injustiçados por Ele.

– É! Não é fácil existir! – completou a frase anterior o mesmo espírito que havia se manifestado.

– Não é fácil para aquele que prefere os valores do mundo, meu filho. Acontece que não somos do mundo! Para todos os espíritos a Terra é uma escola abençoada de oportunidades para atingirmos a perfeição para a qual fomos criados por Deus. Para o mau aluno, para aquele aluno que não deseja estudar e aprender, a escola é uma espécie de castigo. Mas para todo aquele que frequenta a escola visando seus objetivos nobres, ela é uma oportunidade abençoada que o Criador coloca à nossa disposição.

"Para todo aquele que deseja servir-se do mundo e não servir ao mundo, a existência é um caminho recheado de armadilhas e ciladas que nunca trazem a felicidade e a paz como resultados. Para os que assim procedem, realmente não é fácil existir."

Fez uma pausa nos seus comentários e prosseguiu:

– Vamos continuar analisando os registros de nossa irmã Ritinha na busca de aprendizagem e dados que nos permitam auxiliá-la em suas provações.

O TEMPO NÃO deteve as suas horas e trouxe para Marcelle a experiência da idade madura. De cabelos embranquecidos e a pele demonstrando nas diversas partes do corpo físico os sinais da senectude, ela dormia em um quarto próximo ao da irmã Georgete, quando em uma determinada madrugada acordou aos gritos que revelavam intenso medo.

– Socorro! Socorro, Georgete!

A irmã correu solícita ao encontro dela trazendo em uma das mãos uma vela bruxuleante para iluminar a noite escura da suntuosa residência onde moravam.

– O que foi, Marcelle? Que se passa?

Marcelle estava sentada no leito com o lençol da cama limpa e luxuosa puxado até o pescoço. De olhos extremamente arregalados e mãos trêmulas, apontava a porta do seu quarto.

– Não viu uma figura horrorosa sair correndo pelo corredor, Georgete?!

– Não tem ninguém aqui, Marcelle! Que figura é essa?

– Um monstro! Uma figura que lembrava um ser humano muito mal-acabado! Tinha o rosto normal, mas o corpo todo deformado como se fosse um lençol torcido após ser lavado! Cabelos em desalinho. Olhos que revelavam intenso ódio! Dentes enormes que mal cabiam em sua boca. As mãos mais pareciam garras de um ser selvagem! E os pés, mais pareciam cascos de um animal qualquer!

– Ora, Marcelle! Essa figura que você descreve só pode existir em sonho, minha irmã! Você teve um pesadelo. Foi isso. Como poderia existir um ser ou uma *coisa* como você está descrevendo senão em sonhos?

– Mas era tão real como se *isso* estivesse ao lado da minha cama, pronto para me atacar, Georgete!

– Mas foi um sonho mau, minha irmã. Essas figuras só existem nos pesadelos, felizmente! Algum alimento que comeu no jantar e não lhe caiu bem em seu organismo foi o que deu origem a essa fantasia toda. Não tem outra possibilidade.

– Porém, a sensação dessa *coisa* estar ao meu lado, pronta para me causar mal era muito real! Eu não estava dormindo!

– Já sei a origem disso tudo, Marcelle!

– Sabe? Como?

– Lembra-se daquela mania que você tinha de ir durante anos a fio na tal *torre da verdade*?

– Ora! O que tem uma coisa a ver com isso tudo?

– Muito fácil de explicar! Você guardou imagens das pessoas em sofrimento pelas torturas a elas impostas e agora sonha com isso! Essa é a única explicação lógica para esse seu sonho maluco! Sejamos racionais, minha irmã!

– Não sei não!...

– Vamos fazer o seguinte: fico aqui com você até que adormeça e deixo a vela em seu quarto. Verá como dormirá em paz novamente.

– Promete que não sairá daí enquanto eu não dormir?

– Claro, Marcelle! Ficarei a postos como o seu anjo da guarda. Se essa *figura* aparecer por aqui, eu me entendo com esse *bicho*. Pode ficar tranquila – disse a gracejar Georgete para aliviar a tensão da irmã.

Aproximadamente um mês depois desse acontecimento aterrador para Marcelle, a visão reapareceu enquanto esta dormia, o que a levou a acordar aos gritos de pavor novamente.

– Georgete! Socorro! O monstro está em meu quarto novamente!

Imediatamente como fizera da vez anterior, a irmã deslocou-se até o seu quarto.

– Novo pesadelo, Marcelle? Precisamos descobrir qual alimento está lhe fazendo mal no jantar, minha irmã.

– Alimento nenhum, Georgete! Aquele ser estava ao meu lado! Pude sentir até o seu hálito quente e malcheiroso!

– Nossa! Agora seu sonho tem até odor, minha irmã! – tentou brincar para aliviar-lhe o pavor de que era portadora.

– Não é sonho, Georgete! Dessa vez esse monstro falou comigo! Ameaçou-me com coisas pavorosas!

– Mas, Marcelle, você não está sendo racional, minha irmã! Como um ser desses que só existe no seu sonho pode tocá-la ou alcançá-la de alguma maneira? Seria o mesmo que quiséssemos segurar um pedaço de nuvens entre os dedos da mão! Não tem consistência suficiente!

– O meu medo, Georgete, é que esse monstro me ameaça dizendo que vai esperar-me depois da morte!

– Ora! Depois da morte iremos para o céu! Não temos nossa religião? Pois, então! Confessamos antes de morrer, somos absolvidas de nossos pecados e vamos para o céu! E lá não tem um *bicho* desses ou seja lá o que for isso, minha irmã! Precisamos raciocinar! Você está se comportando como uma criança assustada depois de um pesadelo!

Marcelle tremia de pavor e mantinha os olhos arregalados como a procurar pela penumbra do quarto o vulto aterrador que passara a atormentar suas noites.

– Vamos fazer o seguinte: vou buscar um bom cálice de vinho quente para deixá-la mais calma. Irá dormir com os anjos! Colocarei dentro algumas ervas que nosso médico receitava para nossos pais como tranquilizante. Vai tomar tudo até o último gole do bom vinho e ficará em paz! Aguarde apenas uns minutos.

– Não demore, Georgete! Temo que essa *figura* volte na sua ausência!

A irmã foi rápida e logo adentrava novamente o quarto trazendo em uma das mãos uma taça generosa com um bom vinho morno e as tais ervas que os pais tomavam para dormir melhor.

– Vamos! Beba tudo até o último gole. Quero ver quem pode mais: se essa saborosa bebida e as fortes ervas que coloquei dentro dela ou esse seu sonho maluco!

Realmente. Marcelle, após ingerir todo o líquido, foi sentindo um entorpecimento gradativo a tomar conta do seu corpo e logo adormecia na presença da irmã que velava até o momento.

Georgete puxou a coberta sobre o corpo de Marcelle e desejou-lhe uma boa noite de sono.

Com o corpo físico entorpecido pelo vinho somado ao efeito das ervas, Marcelle permaneceu em espírito próxima ao veículo físico.

Foi então que a figura sinistra se fez visível aos seus olhos na dimensão espiritual.

– Maldita! Pensou que se livraria de mim com uma taça de vinho? Pois não me afastará com nenhuma das armas que consiga usar, desgraçada!

– Quem é você, monstro? O que quer de mim? Suma! – suplicava aflita e confusa perante a realidade da dimensão espiritual que desconhecia e não admitia, enquanto seu corpo físico se debatia no leito sem conseguir despertar para gritar por socorro como fizera das outras vezes.

– Não conseguirá gritar pela irmãzinha como da outra vez porque o vinho e as ervas vieram a calhar, sua maldita! Seu esconderijo do corpo está anestesiado!

– Afaste-se, ser asqueroso!

– Não! Terá minha companhia pelo tempo que é incapaz de imaginar! A não ser que...

– A não ser o quê, seu monstro? O que quer de mim? Farei qualquer coisa para me ver livre de você!

– Interessante! Então poderemos fazer um acordo.

– Que acordo, ser abominável?

– Vou indicar um lugar onde você gostava muito de ir quando mais jovem, poderosa Marcelle.

– Como me conhece, seu monstro? Como sabe meu nome?

– Sou eu o monstro, senhorita Marcelle? E que nome terá quem se deliciava com o sofrimento injusto dos prisioneiros da *torre da verdade*, como você chamava aquele local maldito? Lembra-se daquele lugar amaldiçoado, *caridosa* senhorita? Ah! Como gostava de frequentar aquele lugar e se satisfazer com os sofrimentos de suas vítimas inocentes!

– Quem é você, desgraçado? O que fiz para que venha me atormentar?

– Nomes agora não são importantes, senhorita, mas sim aquilo que fizemos aos outros! Ora, a lista do mal que fez, senhorita Marcelle, é muito extensa! Essa lista só é menor do que os sofrimentos que a aguardam quando vier para esse lado da vida em que a morte irá lançá-la! A não ser que façamos um acordo.

– E que acordo é esse, maldito?

– Preste bem atenção! Retorne à tal *torre da verdade* que você adorava frequentar e atire-se de uma das janelas mais altas daquele lugar que você conhece muito bem. Se fizer isso, eu a deixarei em paz. Não virei mais atormentar o seu sono tranquilo de pessoa bem-posta na vida, apesar dos meios cruéis e desonestos de que se valeu para conquistar a sua fortuna!

– Como sabe da minha vida se eu não o conheço, seu monstro?

– Ah! Engano seu. Você me conhece muito bem, senhorita Marcelle! Não só a mim como aos companheiros aqui presentes.

A essas palavras do espírito que atormentava Marcelle deslocada para a dimensão espiritual durante o sono do corpo, figuras outras, todas disformes, surgiram aos seus olhos aterrorizados.

– Meu Deus! Sumam daqui, seus monstros! Não os conheço! Sumam da minha casa! Desapareçam da minha vida, desgraçados!

– Como dizia, você nos conhece muito bem, um a um, senhorita Marcelle! E somente se livrará de nós se cumprir a sua parte na proposta: jogue-se da janela mais alta daquele lugar maldito chamado de *torre da verdade*!

– Quem são vocês, malditos? Já disse que não os conheço!

– Não seja por isso! Muito prazer, senhorita Marcelle! Sou um dos que padeceram e morreram na maldita *torre* por sua influência! E depois de morto continuo ao seu dispor! Meu nome não importa, mas sim o fato de eu ter sido mais uma das suas vítimas! – disse a entidade que se apresentava, como as demais, com o corpo espiritual totalmente deformado com a finalidade de causar pavor a sua vítima.

– Impossível! Se morreu na *torre da verdade* está morto! Não pertence mais a esse mundo, seu desgraçado! Vá embora! Suma para os infernos de onde deve ter saído. Os que morreram na *torre* eram hereges condenados ao fogo do inferno, vítimas de suas ideias absurdas! Você deve estar morto há muito tempo!

– Permita-me corrigi-la, senhorita Marcelle. Morri vítima da sua maldade e da sua cobiça para entrar na posse de nossos bens e não pelas minhas ideias que incomodavam a sua religião, maldita!

– Você morreu, desgraçado!

– Morri?! Estou mais vivo do que nunca! Da mesma forma como também estará quando chegar a sua hora para acertarmos a nossa conta desse lado, a não ser que cumpra a sua parte na minha proposta: vá até aquele maldito lugar onde fomos torturados e atire-se lá do alto. Somente assim conseguirá encontrar a paz. Somente assim ficará livre de nós! A decisão é sua! Ou joga-se da torre mais alta, ou terá nossa companhia para todo o sempre, senhorita Marcelle.

E fazendo com o seu corpo todo deformado uma reverência irônica diante dela, desapareceu em companhia dos outros espíritos atormentadores.

Novo agudo e lancinante grito se fez ouvir na bela mansão:

– Socorro! Socorro, Georgete! O monstro voltou e trouxe companhia!

EXPLICAÇÕES DE IRMÃO VIRGÍLIO

– PREZADOS COMPANHEIROS de jornada evolutiva, analisando os arquivos espirituais de nossa irmã Ritinha quando viveu nesse período da humanidade na personalidade de Marcelle e se comprometeu com a própria consciência na escolha de atitudes errôneas, vemos como era importante o alerta de Jesus sobre a reconciliação com os inimigos que porventura tivéssemos. Recomendava-nos o Mestre que antes de irmos ao Templo fazermos nossas oferendas, como era de costume naquela época, se tivéssemos algum desafeto era melhor primeiro buscar a reconciliação. Dessa forma evitaríamos que esse inimigo nos entregasse ao oficial de justiça, este nos levasse ao juiz e fôssemos jogados na prisão.

– Como traduzir essa sequência de maneira mais prática para o nosso entendimento, irmão Virgílio? – indagou um dos aprendizes.

– Como disse, era hábito entre os judeus fazer oferendas no Templo. Jesus recomendava, porém, que mais importante era reconciliar com o inimigo para que este não nos entregasse ao oficial de justiça que representa as Leis absolutamente justas que governam o Universo. Essas leis nos levarão ao juiz que é a nossa própria consciência que nos lançará na prisão de novas reencarnações onde colheremos as consequências de nossos atos.

– É isso que está acontecendo de maneira precoce com a nossa irmã Marcelle, segundo os dados que vemos nos registros aos quais estamos tendo acesso? Antes mesmo de desencarnar já se encontra perseguida pelo seu inimigo gerado nas torturas da tal *torre da verdade*? – perguntou o mesmo aprendiz.

– Sim. Podemos considerar que Marcelle começou a colher cedo as consequências dos seus erros. Uma de suas vítimas, como vimos nos registros anteriores dela, apresenta-se a ela com o corpo deformado por fixar em seu perispírito o efeito do instrumento de tortura onde teve seus membros esticados e o seu tronco torcido até a desencarnação.

"Esse aspecto fixado mentalmente e impresso em seu perispírito, funciona como um meio de apavorar Marcelle no mecanismo de cobrança pelo ódio que alimenta por ela pelas acusações injustas lançadas contra ele e que o levaram à tortura com a consequente desencarnação.

"Como enfatizei, ela não procurou a reconciliação com esse seu desafeto. Pelo contrário, perseguiu-o até obter as vantagens que pretendia ceifando-lhe a existência e inscrevendo-se pelo mecanismo da Justiça incorruptível na lei de semeadura e colheita da vida imortal."

– O acordo que esse espírito que a persegue está propondo para que ela se lance do alto de uma das torres para deixá-la em paz é uma farsa, não é? – tornou ao questionamento o aprendiz.

– Sim! É um ardil. O que o espírito desafeto de Marcelle está querendo é induzi-la ao suicídio para que dessa maneira ela se torne mais vulnerável ainda em seu retorno ao mundo espiritual e proporcione a ele um domínio mais fácil sobre ela.

"Os espíritos obsessores costumam se apoderar de sua vítima quando ocorre o suicídio e levá-la para regiões de sofrimento no mundo espiritual onde exacerbam o sofrimento através de torturas lamentáveis."

– Estranha também a concepção da irmã dela, a Georgete, ao argumentar que a confissão dos pecados na hora da morte proporcionaria a elas a entrada no céu, não é, irmão Virgílio? – foi a pergunta de um dos presentes.

– Era o conceito vigente na época. Hoje sabemos que isso absolutamente não acontece. Somos prisioneiros de nossas obras. Ninguém poderá nos livrar das consequências dolorosas de nossas colheitas por termos realizado semeaduras infelizes. Mesmo porque esse tal lugar denominado de céu não existe como se imagina.

"Quando estamos em paz conosco, vivemos no céu interior. Quando estamos sem a devida paz de consciência, nos encontramos mergulhados no inferno íntimo que não é um lugar exterior, mas sim dentro de cada um de nós mesmos.

"Desse estado de consciência somente sairemos quando repararmos o mal praticado. Não existe intermediário entre o culpado e o Criador. Dialogamos diretamente com Ele através de nossas obras. E Ele nos confere o perdão através de novas oportunidades de repararmos o prejuízo que causamos a alguém, que nada mais é do que o prejuízo causado a nós mesmos."

Após nova pausa providencial, Virgílio propôs continuar estudando os registros espirituais de Ritinha em sua existência como Marcelle.

GEORGETE ACUDIU APRESSADA aos gritos da irmã na noite densa onde vislumbrava o vulto no interior do quarto e que passara a atormentar a sua vida.

– De novo aquelas visões, minha irmã? – indagou.

– Sim, Georgete. O monstro junto com o seu séquito sinistro estava novamente neste ambiente me atormentando!

– Sabe a ideia que tive? Vamos falar com aquele seu amigo da *torre da verdade*, o irmão Leonardo para que ele faça uma oração em nossa casa. As preces dele com certeza afugentarão esse ser ou seja lá o que for essa coisa de perto de você. O que acha da ideia?

– Creio que sim. Falaremos com Leonardo que era o responsável por obter a verdade dos acusados. Devemos recorrer a toda ajuda, menos continuar com esse monstro roubando-me a paz!

– Vou providenciar, minha irmã. Amanhã mesmo procurarei pelo seu amigo e exporei os problemas que estão acontecendo em nossa casa. Pedirei que venha fazer as orações dele o mais rápido possível. Vou acender mais uma vela em seu quarto. Com mais luz esse ser não ousará adentrar aqui – disse Georgete afastando-se do local onde a irmã procurava pelo repouso.

Assim que ela se afastou do quarto, a tênue luz das velas acesas tremeluziu como se estivessem sendo assopradas por estranho vento.

Marcelle abriu os olhos sobressaltada percorrendo a escuridão do quarto que se transformara em uma espécie de câmara de tortura à procura de alguma coisa ou de alguém.

– Quem está aí? – falou em voz alta com a intenção de amedrontar algum possível invasor.

– Ora! Ora! Toda-poderosa *amiga* Marcelle! Quem somente fez o bem nada tem a temer! Você foi tão zelosa com a sua religião! Seu zelo causou-me a morte, *amiga*!

Uma voz que não sabia exatamente de onde se originava se fazia ouvir por ela novamente. Ela não podia ver, mas juntamente com esse ser invisível aos seus olhos materiais, outros espíritos o acompanhavam em busca de vingança.

– Você de novo, maldito! Minha irmã vai falar com Leonardo e ele o expulsará daqui como um rato, seu miserável!

Sinistra gargalhada cortou os ares do recinto.

– Como o quê? Então acha que aquele carrasco que levava a morte àqueles a quem deveria tratar como irmãos tem alguma moral para expulsar-me seja de onde for?

– Sim! Ele mesmo! O zeloso cuidador da nossa religião que aplicava aos hereges os castigos na *torre da verdade*!

Nova gargalhada se fez ouvir.

– Não seja ingênua, senhorita Marcelle. Traga quantos quiser iguais àquele traste que permanecerei ao seu lado por quanto tempo quiser.

– Pois veremos se tem o mesmo poder que Leonardo!

– Aguardaremos a vinda do seu amigo e sócio nos saques às propriedades que roubaram de pessoas inocentes acusadas de heresias que jamais praticaram, senhorita Marcelle! Enquanto isso, minha proposta continua em pé: atire-se da torre mais alta daquele lugar maldito onde se torturam pessoas e jamais me verá na frente!

– Não confio em você! Tenho certeza de que será expulso da minha presença para sempre com as orações do irmão Leonardo, seu desgraçado!

– Pois, então, façamos como deseja, senhorita Marcelle! – disse a entidade fazendo uma reverência como se estivesse diante de uma pessoa da nobreza, embora sua perseguida não pudesse vê-lo. – Entretanto, torno a garantir-lhe: nada me afastará da sua presença a não ser que concorde com a minha proposta. Ficarei aguardando os acontecimentos, sempre bem próximo de você.

Disse e desapareceu como se desfazendo em pleno ar a entidade atormentadora invisível aos olhos materiais de Marcelle.

Dois dias depois de procurado por Georgete e colocado a par do que acontecia com Marcelle nas altas horas da madrugada, Leonardo compareceu ao lar das duas irmãs para realizar o seu ritual que, segundo acreditavam, iria resolver o problema daquela visão que atormentava os dias daquela mulher de um determinado tempo para cá.

Leonardo tranquilizava Georgete:

– Fique tranquila, minha filha. Expulsaremos da sua casa essas visões da minha amiga Marcelle, seja lá o que forem!

– Agradeço muito pelo seu socorro. Minha irmã está transtornada com essa *coisa* que passou a persegui-la nas horas noturnas.

– Realizarei minhas orações e a paz retornará ao vosso lar, minha filha. Elegeremos o quarto de Marcelle como o centro de nossa tarefa já que é lá que as coisas acontecem.

Dirigiram-se para o quarto e encontraram-na extremamente descompensada pelas noites maldormidas e as visões que atormentavam as horas em que tentava descansar.

– Que bom que veio, meu amigo, senhor Leonardo! Já não estou aguentando mais esse monstro invadindo e roubando minha tranquilidade. O senhor é nosso último recurso!

– Nosso último recurso sempre é Deus, minha filha. Mas, como representante do Senhor na Terra, possuo a autoridade para agir em nome d´Ele no socorro aos Seus filhos. Por isso resolveremos esse problema hoje mesmo, pode ter certeza, Marcelle. Voltará ao seu merecido repouso.

Dito essas palavras, Leonardo foi retirando de uma bolsa todos os objetos que fariam parte do ritual para sanear o ambiente da casa das duas irmãs. Vestiu trajes religiosos especiais para o procedimento. Incenso foi queimado no local. Velas foram acesas enquanto palavras em latim eram pronunciadas sem serem compreendidas pelas duas mulheres. Apenas o celebrante daquele procedimento religioso as entendia. Percorreu toda a extensão do quarto esfumaçando o ambiente com a substância que era queimada no recipiente apropriado para tal cerimônia. Aspergiu *água-benta* por todo o quarto e encerrou o procedimento com ar vitorioso.

– O problema está resolvido, Marcelle. Dessa noite em diante nada e nem ninguém irá atrapalhar seu sono e os seus sonhos, minha amiga. Com a autoridade a mim conferida, determinei que a sua casa esteja protegida contra qualquer tipo de invasão, por mais estranha que ela possa parecer. Fique tranquila.

Marcelle agradeceu beijando uma das mãos de Leonardo de forma reverente. O mesmo fez Georgete despedindo-se da visita que viera socorrer-lhes.

Entretanto, um estranho temor permanecia no íntimo da primeira, enquanto aquela noite não viesse para confirmar que realmente tudo de ruim havia terminado.

IRMÃO VIRGÍLIO QUE acompanhava esses registros dessa existência de Ritinha na pessoa de Marcelle aproveitou para tecer mais alguns comentários aos seus aprendizes.

– Presenciamos esses registros do ritual praticado

na casa de nossa irmã. Se recordarmos de nosso Mestre, lembraremos da sua recomendação aos seus discípulos sobre a necessidade da oração e jejum para expulsar os maus espíritos.

"Esse jejum que Jesus apregoava não era do alimento material, necessário ao corpo físico, mas o jejum de atitudes incorretas, de comprometimento com o mal através da livre escolha que podemos fazer, de envolvimento com os mais diversos tipos de erros aos quais não nos devemos entregar em nossa estrada evolutiva."

– Então, o senhor está nos adiantando que de nada vai adiantar o que nosso irmão Leonardo realizou na casa de Marcelle? – questionou um dos aprendizes.

– Isso verificaremos quando continuarmos a analisar os registros dessa existência da nossa irmã. Apenas estou relembrando os ensinamentos de Jesus para o sucesso do relacionamento de quem quer que seja junto aos nossos irmãos da retaguarda evolutiva que fazem a sua opção temporária pelo mal.

"Jesus deixou isso muito evidente quando diante de entidades que submetiam as pessoas da época em que ele esteve entre nós em um corpo físico. Sua elevada moral, mesmo quando nada dizia, era o suficiente para afugentar as entidades infelizes de suas vítimas. Isso deixa bastante claro que não podemos reprovar no próximo os defeitos que também estejam em nós. De que não adianta dar nenhuma ordem se não tivermos moral superior àquele a quem nos dirigimos.

– Então nossa irmã Marcelle continuará sob o jugo

de Alexandre! – concluiu o mesmo aprendiz que fizera a pergunta anterior.

– Meu filho, percebeu que está emitindo um julgamento de nosso irmão Leonardo com a sua conclusão antecipada? – argumentou Virgílio.

O aprendiz sentiu-se como que apanhado em erro e procurou se desculpar:

– Perdoe-me, irmão Virgílio. O senhor tem razão. Devemos aguardar a análise dos registros de nossa irmã Marcelle, não é assim?

– Nada sou para perdoá-lo, meu filho. Apenas alerto como é fácil errarmos em nossas atitudes do dia a dia. Você concluiu bem: vamos aguardar os fatos que os registros inapagáveis do tempo em nossa irmã irá nos revelar e ensinar ao mesmo tempo.

E os fatos não demorariam muito a se desenrolar.

NAQUELA MESMA NOITE da visita de Leonardo que executara seus rituais para livrar o local de perturbações, fossem elas de que origem fossem, Marcelle preparou-se para uma noite de bom sono que há muito tempo já não conciliava mais.

Colocou sua roupa confortável para o repouso da noite. Ajeitou os travesseiros da ampla cama. Colocou as cobertas na posição que mais lhe agradava.

Georgete permanecia com a irmã no quarto como que velando por ela enquanto providenciava tudo como bem desejasse para uma tranquila noite de sono e bons sonhos.

– Tenho certeza, Marcelle, que hoje irá dormir tranquila como bem merece após a intervenção do nosso amigo, irmão Leonardo.

– Espero que sim, minha irmã. As orações dele são muito poderosas. Tem muito mérito pelo combate que desenvolve contra os hereges que procuram conspurcar nossa religião com essas ideias malucas que tentam disseminar. Como é zeloso com os assuntos da fé, Deus dá a ele muitas forças e poder. Creio que teremos paz nessa casa a partir de hoje.

Georgete despediu-se e depositou um beijo na fronte da irmã, persignando-se com o sinal da cruz.

No quarto de Marcelle uma grossa vela permaneceu acesa para conferir uma discreta claridade ao ambiente.

Ela deitou-se, ajeitou-se na cama macia e aproximou a grossa coberta até a face já que a noite anunciava-se bastante fria.

Passeou os olhos pelo quarto antes de fechá-los para que o sono viesse. Entretanto, a luz da vela tremeluziu de forma estranha.

"Engraçado! – pensou consigo mesma Marcelle. Não deixei nenhuma janela aberta! Por onde estará entrando essa corrente de ar que agitou a luz da vela?"

Ouviu uma gargalhada sombria que ecoou por todo o quarto. Saltou da cama rapidamente e perguntou horrorizada:

– Quem está aí? Quem se atreve a invadir meu quarto a essa hora da noite? Apareça, maldito!

DONA CÂNDIDA E O PADRE JOÃO

PADRE JOÃO, LOGO pela manhã bem cedo, visitava o quarto humilde onde Cândida e a neta pernoitaram, mercê de sua bondade e a de seus paroquianos. Levava um pouco de leite para a menina e um pedaço de pão com um copo de café bem quente para a avó. A noite havia sido muito fria naquela região descampada.

– Como passou a menina, Cândida? – perguntou o padre bondoso.

– Graças ao senhor, passamos muito bem, padre.

– Graças ao bom Deus, minha filha. A Ele devemos todo o agradecimento no amparo que encontramos pelo mundo. Aqui o Pai nos coloca e vela por cada um de Seus filhos. Somos apenas o instrumento da Bondade Divina, Cândida.

Enquanto falava, a avó providenciava para que Ritinha recebesse o leite morno da mamadeira trazida com muito cuidado, envolvida em pedaços de tecido de lã, para manter a temperatura do líquido. A criança sorveu com muita vontade o alimento ofertado para a felicidade da avó e a alegria de padre João.

Em seguida, dona Cândida comeu o pedaço de pão e o copo de café que ainda fumegava quando saiu de uma garrafa da mesma forma envolta em muitos tecidos grossos para manter o melhor possível o calor do líquido nele depositado.

– Sabe, padre João – disse dona Cândida – gostaria de colaborar de alguma forma para agradecer todo esse socorro que recebo nessa hora tão dolorosa da minha vida. Sei costurar. Se o senhor me arrumar algum material, posso ir ajudando de alguma maneira aos seus párocos. Não posso deixar a menina nesse estado sozinha, mas minhas mãos estão livres para ajudar como for possível, padre.

– E isso é muito bom, minha filha. Para nós que teremos mais uma colaboradora e para você que se sentirá útil ao mesmo tempo em que cuida da netinha que tanto precisa de você!

– E dona Maria, padre? Mora muito longe daqui?

– Um bocado, minha filha. Ela também é uma alma valorosa de Deus na Terra. Muitos filhos, poucos recursos financeiros, lar com dificuldades várias, mas alma submissa aos desígnios de nosso Pai, dona Cândida.

"Não repare se ela não puder visitá-la com a frequência que desejava, tenho a certeza. Se fosse por ela estaria ao seu lado todos os dias. Entretanto, tem muitos afazeres junto aos filhos, marido e as obrigações do lar.

"Além disso, Maria tem uma saúde muito fragilizada pelas lutas do dia a dia. É uma pessoa que esqueceu de si mesma para doar-se aos outros, dona Cândida."

– Sabe que notei isso nos traços dela, padre João? Me pareceu muito abatida, apesar da disposição em ajudar a mim e a minha neta.

– E você não se enganou. Maria anda com problemas no coração que os médicos têm procurado ajudar com o tratamento que a medicina dispõe. Contudo, sinto que Deus a quer junto d'Ele, dona Cândida! Tenho orado muito para que essa minha impressão seja enganosa. Os filhos e o marido precisam muito dela.

"Almas assim precisam permanecer na Terra por mais tempo, não é assim? O mundo está carente daqueles que verdadeiramente sabem amar! E Maria sabe muito bem como cumprir com o primeiro mandamento da Lei."

– Também pedirei a Deus por dona Maria, padre. Veja só o meu caso: se não fosse por ela interceder junto ao senhor, onde teria passado essa noite fria com a pobrezinha dessa menina?

– Pois é, dona Cândida. Ore mesmo por ela que merece muito. E se sobrar um espaço pequenino em suas orações, coloque-me também nela, minha filha.

Aguardou alguns segundos e procurou inteirar-se da situação de dona Cândida para melhor planejar o auxílio que ela e a neta necessitavam.

– E quanto a você, minha filha? Importa-se de falar--me um pouco de sua pessoa e da menina? Não pense que é mera curiosidade da minha parte. Apenas procuramos nos inteirar o máximo possível das pessoas que abrigamos nesses quartinhos humildes, porém oferecidos de coração, para programarmos melhor a assistência que proporcionamos aos abrigados neles. Entretanto, não se sinta constrangida a abrir o seu coração nesse momento. Deixaremos para quando sentir que deva falar, minha filha.

– Não, padre João. O senhor e os seus paroquianos têm todo o direito de saber mais sobre a quem prestam ajuda. Inclusive à noite, antes de dormir algumas horas, fiquei meditando em minha vida e como vim parar nessa situação em que o senhor me vê agora.

– Se não se importar em recordar de novo em voz alta... – disse o bom padre em tom jocoso.

– É até um favor, padre. Vamos fazer de contas que estou em um confessionário! – respondeu Cândida procurando corresponder no mesmo tom de padre João.

Dona Cândida relatou a ele até o ponto em que o pai a obrigara desposar Afonso. E continuou:

– Já pode calcular que tive uma das minhas grandes desilusões, padre, sendo forçada a me unir em matrimônio a um homem mais velho que já não possuía os mesmos sonhos de uma moça. Nossa diferença de idade, como tentei fazer compreender a meu pai, era muito grande! Mas tudo em vão.

– Até que a diferença de idade pode não ser um problema se você encontra no outro uma alma boa, minha filha.

– Até pode, padre. Mas, infelizmente, Afonso não era essa alma boa. Era um homem de opinião de ferro! Não admitia ser contrariado. E ainda por cima, extremamente ciumento, o que se acentuou com a nossa diferença de idade e a beleza de que eu era portadora, modéstia à parte, na minha juventude.

"Tinha apenas vinte anos como falei, padre! E Afonso tinha trinta e oito, como também já relatei nas minhas lembranças. Isso faz diferença em um casal quando não existe uma afeição que ultrapasse os atrativos físicos! Confesso ao senhor que, se pudesse, teria me separado dele pouco tempo depois, padre. Sei que a religião não nos permite isso, mas minha desilusão se acentuava dia a dia com o gênio dele."

– Tem razão, minha filha. Não deve separar o homem o que Deus uniu.

NESSE MOMENTO DA conversa, irmão Virgílio, que estava presente com os seus aprendizes, aproveitou para comentar a colocação do bondoso padre.

– Meus amigos, o nosso caridoso amigo padre, evidentemente, defende o ponto de vista da religião que ele dignifica como um religioso que realmente segue a Jesus no exercício do amor.

"Porém, temos que considerar o seguinte: ele afirma que o casamento não pode ser desfeito porque foi realizado na Igreja que representa, ou seja, defende a indissolubilidade do casamento pela cerimônia religiosa.

"Como espíritos desencarnados temos condições de entender que o homem não deve interferir nos planos que os espíritos trazem ao reencarnar com suas necessidades de provas e expiações.

"Devemos entender que quando dois seres são unidos por Deus, não se trata de uma celebração perante alguma religião, mas sim trata-se dos planos que trazemos em nosso processo reencarnatório.

"Renascemos ao lado daqueles junto aos quais temos necessidades de reajustes. Nossa volta é estudada e recebemos uma programação que nos enseja o aproveitamento melhor possível de nossa vida na Terra. Por isso que não devemos interferir na união planejada em nossa dimensão e não porque o casamento foi celebrado nessa ou naquela religião.

"Além disso, temos que considerar que se unem perante Deus aqueles que se valem do amor por motivo dessa união e não porque se submeteram a uma cerimônia religiosa dos homens, seja ela qual for."

– Mas se um casamento não tem envolvimento emocional, não se alicerça em sentimentos nobres de um pelo outro, nem mesmo assim ele pode ser desfeito porque tenha sido planejado na dimensão espiritual? – perguntou um dos alunos que estagiavam com o irmão Virgílio.

– Meu filho, o livre-arbítrio está sempre presente em nossas decisões para que possamos ser responsabilizados por nossas escolhas. Quando um casal decide pela separação por motivos graves, tais como, desrespeito profundo no relacionamento, ameaças sérias de um contra o outro, mau exemplo para os filhos quando esses existem, é claro que a separação pode ser a solução que um dos cônjuges ou até mesmo os dois escolham para resolver a situação. Sempre deve predominar a opção pelo mal menor. Entretanto, a separação soa como uma tarefa incompleta que, depois de devidamente analisada pelas Leis maiores da vida, pode exigir a continuidade dessa tarefa de alguma forma.

– O senhor está querendo dizer que aqueles que se separam terão que voltar como marido e mulher novamente? – indagou o mesmo aluno.

– Em absoluto, meu filho. As Leis maiores da Vida nos convidam ao amor ao semelhante seja em que situação for. Somos convidados ao amor incondicional ao nosso próximo que é a Lei suprema do Universo. E isso pode ser realizado seja em que posição nos encontrarmos segundo as convenções do mundo. Ou seja, como marido e mulher, como pai e filhos, parentes próximos ou remotos, pertencemos à mesma família Universal criada por Deus!

"Por isso, se em uma determinada reencarnação dois seres não conseguiram se acertar como marido e mulher, não necessariamente retornarão nessa situação. O importante é que aprendam a se respeitar e a querer bem para que o amor devido ao nosso semelhante e que faz parte do mandamento maior da Lei, se cumpra!"

Silenciou Virgílio porque a narrativa de Cândida ao padre João, prosseguiria.

– POIS É, padre João. Acho que isso precisa ser melhor pensado um dia pela Igreja. Não é justo aprisionar uma pessoa a outra a quem ela não quer bem.

– Mas, por enquanto, é assim, minha filha. Unidos pela santa Igreja, não podem ser separados!

– Mas, padre! Mesmo que não se respeitem, não se amem mais, que os filhos assistam os pais se ofenderem mutuamente? Não seria essa situação pior do que se separarem?

– Compreendo o seu sentimento de mágoa pelo seu marido, dona Cândida, mas a Igreja determina a indissolubilidade do casamento!

– Está certo, padre. Não vou discutir com o senhor que sabe muito mais do que eu. Vou prosseguir minha história. Quem sabe o senhor não muda de opinião, não é? – perguntou brincando ao religioso a quem devia muita atenção por tudo o que recebera no momento difícil pelo qual passava.

E continuou:

– Como disse anteriormente, Afonso era um homem de opinião inflexível. Imutável em suas decisões. E extremamente ciumento, principalmente pela nossa diferença de idade. Começou por me impedir de ir à missa na cidade, ocasião em que me encontrava principalmente com minha mãe já que, meu pai, na maioria das vezes, não a acompanhava. Tive alguns diálogos com meu marido sobre esse assunto, mas, para variar, nunca cedeu. Vou descrever ao senhor apenas um deles que representa todas as demais tentativas que fiz para convencê-lo do contrário:

"– Afonso, gostaria de ir à missa para encontrar-me com a minha mãe. Sinto falta dela. Entenda que, como filha única, ainda sinto muito a sua falta. Os domingos me proporcionam esses encontros para a alegria da minha alma!

– Sua mãe pode vir visitá-la aqui em nossa fazenda, Cândida. O padre está sempre disposto em celebrar a missa na capela que temos aqui. Como sabe, vivo ajudando a Igreja e ele retribui com essa gentileza. Além disso, os colonos também podem participar da celebração. Convide sua mãe para vir até aqui e poderão ficar juntas o domingo todo se quiserem.

– Mas não é a mesma coisa, Afonso. Também quero sair um pouco da fazenda. Ver outros locais. Outras pessoas que conheço.

– Ah! É? Outras pessoas?... E posso saber se é alguém em especial, Cândida?

– Está vendo?! Você interpreta tudo errado o que falo! Não existe ninguém especial. Sou uma mulher casada e esse seu pensamento, fruto do seu ciúme, até representa um desrespeito para com a minha pessoa!

– Acredito em você porque não é louca de pensar em outro homem, não é Cândida? Seria como assinar o atestado de óbito seu e do infeliz!

– Meu Deus! Como pode pensar uma coisa dessas da sua própria esposa?!

– Durmo de olho bem aberto, Cândida! Bem aberto!"

– Sentia-me ofendida que meu marido pensasse dessa forma sobre a minha pessoa, padre! Nunca me passou nada desse tipo pela cabeça, apesar de não ter desejado unir-me a esse homem, como tentei convencer ao meu pai sem sucesso – prosseguiu Cândida narrando ao bom padre.

– Imagino, minha filha. Realmente devem ter tido dias difíceis! Mas vocês têm uma filha! Nem com o nascimento da menina ele melhorou?

– Melhorar? Pois aí é que as coisas pioraram, padre! E pioraram de uma vez!

– Não estou entendendo, dona Cândida.

– Mas já vai entender como minha cruz ficou ainda mais pesada com o nascimento de Rosimeire que deveria abençoar nossa união, padre João.

"Afonso tinha ciúmes também da filha recém-nascida. Primeiro, ciúmes da atenção que dava à menina por razões que qualquer ser racional entende e compreende. Mas ele não. Reclamava que eu não tinha mais tempo para ele. Que ficava com o resto de tempo no trato da menina. Que nosso relacionamento havia mudado para pior depois do nascimento da criança.

"Tinha também ciúmes da filha com os outros. Em resumo, creio que era e é um homem doente, porque só através de uma doença emocional consigo entender o que se passa e passava pela cabeça dele."

– E tem razão, minha filha – voltou a comentar padre João. – O ciúme é uma doença da alma que o remédio para o corpo não alcança. Temos que pedir a Deus que o socorra. Ainda se tivesse uma religião para ajudá-lo seria mais fácil. Mas pelo que estou pressentindo, nem isso ele tem, não é?

– Sim, padre. A missa para ele não passa de um compromisso social sem nenhum significado mais profundo. Quando comparecia à capela da fazenda nas celebrações que por lá aconteciam, ficava alheio ao cerimonial mais preocupado em ser notado ao lado da esposa para revestir nosso relacionamento com o verniz da aparência para que os presentes notassem. E foi nesse estado de coisas que o pior aconteceu, padre. Afonso marcou-me como a um gado de sua propriedade!

– Meu Deus, dona Cândida? Não consigo nem supor o que esteja querendo dizer com isso, minha filha!

– Mas já vai entender aonde a brutalidade desse homem foi capaz de chegar padre.

E Cândida prosseguiu em seu relato:

– Numa manhã, Afonso levantou bem cedo para realizar uma venda grande de gado para uma firma da capital do Estado. Acontece que a minha filha despertou chorando muito e percebi que a menina estava com febre muito alta.

"Afonso tinha ido a cavalo para o campo conferir o negócio com os interessados na compra dos animais. Nosso carro tinha ficado na sede da fazenda, mas ele nunca permitiu que eu aprendesse a dirigi-lo. Tinha receio de que eu me ausentasse sem a presença dele.

"Minha única opção diante da gravidade do estado de Rosimeire foi pedir ao capataz que tinha ficado no comando da sede que me levasse à cidade para consultar um médico para a menina.

"E assim foi feito. Solicitei ao homem de confiança

dele para levar-me com urgência em busca de tratamento para minha filha. Realizada a consulta, o médico passou a receita e aproveitei para passar na farmácia da cidade para adquirir os medicamentos. Mas o remédio mais importante estava em falta no estabelecimento e o farmacêutico, atencioso, se prontificou a providenciar o mais rápido possível em cidade próxima onde conseguiria encontrar a medicação indispensável para minha filha.

"Informou-me que não demoraria. Era o tempo de deslocar-se até o outro centro comercial na cidade vizinha e traria rapidamente o remédio receitado. Contudo, solicitou que eu voltasse para que ele explicasse pessoalmente como a medicação tinha que ser dada na dosagem e horários corretos para a criança. Nem mais nem menos. Preferia explicar pessoalmente a mim a orientar outra pessoa.

"Apreensiva, retornei com Rosimeire para a sede da fazenda com o capataz dirigindo o veículo. Chegando na casa, dei a ela os outros remédios que tinha encontrado na farmácia, ajeitei a menina na caminha e chamei uma servidora de confiança para ficar com ela enquanto eu voltava à cidade para trazer a medicação em falta e que era exatamente a de maior necessidade.

"Da mesma forma, o capataz solícito tornou a dirigir o veículo conduzindo-me ao destino necessário. Estava tão preocupada com a menina que nem prestei e dei a devida atenção para o fato que seguia somente eu e o servidor da fazenda.

"Infelizmente a maldade humana é muito grande e fértil na imaginação das coisas más que não existem. Olhos maldosos observaram o fato de eu ter ido sozinha com o capataz novamente em busca da medicação que faltava. E aguardaram a oportunidade para destilar o veneno da própria alma para Afonso, que era um terreno fértil à maledicência que iria ser feita."

– Meu Deus, dona Cândida! Até eu estou tenso com a sua narrativa sabendo como o seu marido é ciumento! Antes mesmo de a senhora contar o que ele fez, violento como é, fico apreensivo só de pensar! Alguma coisa muito trágica o seu marido foi capaz de perpetrar contra a senhora! – disse padre João emocionado com os fatos que vinham sendo narrados pela sua socorrida.

– Nem imagina, padre João. Posso afirmar-lhe que ele me marcou como a um animal de sua propriedade! E para sempre!

Aguardou alguns minutos como se buscasse ao longe no tempo as lembranças amargas que haviam assinalado sua vida no passado, como também as forças para continuar a narrativa amarga daqueles acontecimentos.

– E tem mais, padre João. Em consequência do que a maldade dele foi capaz de me fazer, viveu atirando-se de braço em braço das mulheres infelizes que se beneficiavam do dinheiro dele.

– Perdoa minha curiosidade, dona Cândida, mas como ele permitiu que viesse até esse local para conhecer sua neta que nasceu? Por acaso deixou de ser ciumento?

Melhorou de gênio depois do que fez a senhora, embora não saiba exatamente o que aconteceu?

– O senhor entenderá quando eu lhe contar o restante da história, padre. Depois do que ele foi capaz de me fazer, não tinha mais motivo para ciúmes!

– Meu Deus! Deve ter sido algo de muita maldade para superar o ciúme desse homem!

– E como foi, padre João! Como foi!

A NOITE DE MARCELLE

IRMÃO VIRGÍLIO RETORNOU com os seus aprendizes a examinar os registros espirituais arquivados em Marcelle para continuar seus estudos junto ao passado de Ritinha.

Comentou discreto e com muito respeito:

– Continuemos com a permissão dos planos maiores a mergulhar nos registros anteriores da nossa irmã para aprendermos mais sobre as Leis que nos regem a vida e as nossas atitudes, meus irmãos.

À INDAGAÇÃO DE Marcelle, uma outra gargalhada se ouviu ressoando por todo o quarto.

– Quem está aí? Irmão Leonardo já abençoou minha casa! Todo mal daqui recebeu ordens de nos deixar em paz!

PERCEBAM, COMPANHEIROS – esclarecia irmão Virgílio aos aprendizes –, que nossa irmã está cada vez mais envolvida pelo obsessor que busca vingança. Antes só podia ouvi-lo e vê-lo quando desvinculada do corpo físico pelo sono. Agora, mesmo desperta, já começa a ouvir suas colocações.

Com o aumentar da cobrança desse espírito sobre ela, poderá vir realmente a vê-lo como figura projetada em sua mente na medida em que o domínio dele se realizar sobre ela, embora acordada. Será o aprofundamento da cobrança pelo credor em função da gravidade da falta que os atrai, embora nunca haja justificativa para se tomar nas mãos a realização da justiça.

A consciência endividada pelos erros cometidos submete cada vez mais o devedor ao seu credor quando não ocorre o devido socorro para ambos. Parece que é isso que irá ocorrer no caso de Marcelle.

– Socorro para ambos, irmão Virgílio? Mas o sofredor não é ela, no caso? Alexandre também precisa de socorro? – perguntou um dos aprendizes.

– E muito, meu filho! O agressor também sofre enquanto envolvido nesse mecanismo de vingança. Não tem paz. Na mesma medida em que agride, é agredido pelas emanações do ódio que dele partem em direção a sua vítima. E tem mais: não nos esqueçamos de que se ele hoje é o que agride, no passado foi quem recebeu o mal daquela que ele hoje busca para vingar-se! Ambos são filhos de nosso Pai que precisam retornar ao rebanho do Senhor! Por isso mesmo, o socorro deve ser para ambos. Caso existam demais envolvidos, todos devem ser contemplados pela Misericórdia e Bondade de Deus. Prossigamos observando.

– SENHORITA MARCELLE, que autoridade um torturador tem para expulsar-me daqui onde estou bem próximo da minha malfeitora, perto da responsável pelos meus sofrimentos e pela minha morte? Seremos companheiros por muito tempo! A não ser que aceite minha proposta!... – continuava aquela voz ecoando pelo quarto enquanto a vítima procurava vislumbrar de onde ela provinha.

– Que proposta a não ser que se vá daqui para os infernos de onde saiu, seu maldito! Esse lugar está abençoado pelo irmão Leonardo que aspergiu água-benta nesse local e fez suas orações! Está proibido de entrar! Suma, seja você quem ou o quê for!

– Sumirei se for até a *torre da verdade* e dali se jogar da janela mais alta!

– Está me propondo o suicídio? Nunca! Sou religiosa e jamais farei isso!

– Mas é exatamente por ser religiosa que não deve temer a morte! É só pedir perdão ao seu amigo Leonardo e irá para o céu! Como lá não posso entrar porque sou um herege, ficará livre de mim, senhorita Marcelle. Essa é a minha proposta para solucionarmos nosso problema, minha *amiga*. Se joga da torre, vai para o céu absolvida pelo *bondoso* Leonardo e eu continuarei no inferno em que vivo. Não é simples e vantajoso para você?

– Não! Nunca! Não farei o que deseja!

– Pois, então, se prepare para ficarmos juntos pelo tempo que eu desejar. Não lhe darei paz. Atormentarei seus dias e suas noites! A levarei à loucura! A não ser que cumpra o que estou lhe propondo: jogue-se da torre e estará em paz!

– Georgete! Georgete! Socorra-me! O demônio voltou! Socorro! – saiu gritando do quarto e dirigindo-se para a habitação da irmã.

Enquanto corria desesperada buscando pela outra, ouvia as gargalhadas terríveis que ecoavam no íntimo do seu ser.

– Corra, Marcelle! Corra! Mas o seu fim será entre nós para que pague até o último centavo de cada sofrimento que nos impôs aí na Terra!

Georgete, aos gritos da irmã, veio ao seu encontro.

– Não é possível, Marcelle! Aquela *coisa* outra vez? Mas e as orações do irmão Leonardo, meu Deus? Nem a elas esse misterioso atormentador obedece?

– Não estou aguentando mais, Georgete! Assim que o quarto mergulha em penumbra, ele volta! Não vejo com meus olhos, mas em minha mente aparece uma figura grotesca toda deformada! Mais parece um monstro! E como se não bastasse, refere-se a companhias de outros seres iguais a ele para me torturar!

– Mas o que ele diz, minha irmã? Ele a maltrata?

– Pior! Faz ameaças! Diz que eu sou responsável pela

sua morte na *torre da verdade*! Todos os que lá pereceram eram hereges! Foram para o inferno! Como poderiam sair de um lugar desses e vir atormentar minhas noites aqui no mundo? Não consigo entender!

– Assim que o dia amanhecer, iremos falar novamente com o irmão Leonardo. Com certeza ele terá uma solução para tudo isso. Durma comigo o restante da noite, Marcelle – propôs a irmã para acalmá-la um pouco.

No dia seguinte as duas irmãs dialogavam com o seu protetor narrando os acontecimentos.

– E foi assim, irmão Leonardo, que essa coisa voltou mal eu me deitei ontem à noite. Disse inclusive que não tem medo do senhor. Que ele foi torturado na *torre da verdade* e agora retorna para vingar-se de mim!

– Isso é o que veremos! Quem parte para a outra vida não retorna mais. Principalmente esses hereges que vão para o inferno. Como sairia de lá para vir atormentar alguém nesse nosso mundo? Daquela prisão ninguém nunca mais escapa, minha filha. Essa noite, com a permissão de vocês, ficarei em seu quarto, Marcelle. Quero ver o que ou quem enfrentamos, minha filha. Com o poder de nossa santa Igreja, expulsaremos isso da sua vida, seja lá o que for.

Naquela noite o combinado de dia foi posto em prática. Irmão Leonardo se posicionou dentro do quarto da mulher atormentada. Várias velas foram acesas em lugares estratégicos do ambiente.

Marcelle recolheu-se ao leito de coração aflito e tremendamente receosa de que tudo se repetisse.

Não demorou muito e ruídos estranhos começaram a ser ouvidos no local. Vento inexplicável fazia bruxulear as fracas chamas das velas acesas apagando uma a uma. E a voz temível voltou a assombrar a mente de Marcelle.

– Então hoje temos visita, senhorita? O poderoso irmão Leonardo, ou melhor, o carrasco do qual era cúmplice teve a ousadia de vir também? Ótimo! Veremos se tem algum poder para expulsar desse local eu e meus companheiros! – disse e gargalhou.

– Irmão Leonardo, é a *coisa* de novo! O senhor a escuta? – perguntou Marcelle.

Não. Irmão Leonardo não ouvia a voz, mas os estranhos ruídos no ambiente e o apagar das velas que ele presenciava sem atinar com a causa daqueles acontecimentos.

– Não tema, Marcelle! Não existe ninguém aqui, minha filha. Vamos encontrar a explicação para isso tudo. Não acredite em alma do outro mundo porque elas estão bem trancadas no outro lado da vida, principalmente as que foram enviadas para o inferno pelos seus pecados!

E a voz retrucava para Marcelle:

– Quanta ousadia desse falso representante de Deus! Estou aqui e não sairei faça ou diga ele o que quiser. Esse verme não tem nenhuma moral para ordenar nada a quem quer que seja. A sua saída, senhorita Marcelle, é aquela que lhe propus. O alto da torre e a queda que porá fim aos seus sofrimentos porque desaparecerei para sempre de sua vida!

– Irmão Leonardo, a voz está dizendo para eu me matar! – gritou a irmã de Georgete.

– Cão danado! Por que não se apresenta? Se é tão forte como pensa, por que se esconde na escuridão? Saia das trevas e venha para a luz enfrentar um homem de Deus! – bradou colérico Leonardo.

A esse desafio de irmão Leonardo, os ruídos aumentaram. As velas apagadas foram atiradas de um lado para o outro por uma força invisível. Irmão Leonardo tateava no escuro do quarto procurando visualizar alguma coisa. Queimava incenso e aspergia água-benta no local.

De repente estancou bruscamente como se atingido por uma força que o paralisou. Seus olhos ficaram arregalados. Seus lábios se contraíram num estranho ricto. Seu rosto ficou rubro como se o sangue estivesse acumulado todo na face e irmão Leonardo caiu pesadamente ao solo.

Marcelle ouviu a conhecida gargalhada e, em seguida, a voz fez-se ouvir novamente:

– Aí está o seu defensor, senhorita Marcelle. Colherá as consequências de sua ousadia em desafiar-nos! Quanto a você, já sabe qual é o remédio: cumpra com o nosso acordo ou estarei todas as noites fazendo-lhe uma visita *cordial* até que seja recolhida junto a doentes mentais em masmorras imundas das quais jamais sairá com vida!

E naquela noite a paz se ausentou para sempre do lar das duas irmãs. O médico do local foi chamado para examinar irmão Leonardo. O diagnóstico foi de uma apoplexia de acordo com a medicina da época.

Marcelle e a irmã ficaram desprotegidas da presença de irmão Leonardo que foi recolhido aos cuidados dos religiosos da época e terminou seus longos dias paralisado em um leito sem conseguir manifestar com palavras a expressão de terror estampada em seu rosto.

Marcelle continuou a receber as visitas inoportunas daquele ser deformado que lhe fazia ameaças e atormentava insistentemente suas noites.

Conforme acentuou seu domínio sobre a mente dela, passou a enxergá-lo em sua forma que mais parecia a de um monstro mal definido a renovar constantemente sua ordem para que ela se atirasse da *torre da verdade* como a única solução para os seus tormentos.

– IRMÃO VIRGÍLIO, o que ocorreu com Leonardo? – perguntou um dos aprendizes presenciando os registros do arquivo mental de Marcelle.

– Uma parte do ódio de Alexandre, desencarnado e presente ao local, voltou-se contra ele que foi quem comandava as torturas contra aqueles considerados hereges, principalmente depois de entrar em sintonia com Alexandre através de xingamentos como o enunciado ao dizer "cão danado". Estabeleceu sintonia, o que facilitou a agressão.

"Lembre-se que estava acompanhado de outras vítimas desse nosso irmão. Essa somatória de energias altamente destruidoras auxiliadas por problemas de pressão alta de que irmão Leonardo era portador, embora desconhecesse, resultou nessa tragédia para ele. O estresse daquele momento, a impotência para combater o agressor, o desespero de Marcelle a quem não estava conseguindo proteger, tudo isso promoveu um aumento maior de sua pressão que culminou no chamado acidente vascular cerebral ou AVC que naquela época era denominado de ataque apoplético, denominação essa existente desde o segundo século a.C.

"Dessa forma, irmão Leonardo atingiu também outra de suas vítimas contra a qual direcionava sua imensa carga de ódio juntamente com os seus companheiros desencarnados presentes naquele local."

– E como os efeitos físicos dos ruídos, do apagar das velas, do arremessar as mesmas de um lado para o outro foi possível? – indagou outro componente do grupo do irmão Virgílio.

– Porque um dos presentes fornecia a energia necessária a tais acontecimentos. Hoje podemos dizer que algum dos envolvidos era um médium de efeitos físicos. Se fosse descoberto naquela época, padeceria também a condenação destinada aos assim chamados de hereges que, muitas vezes, eram portadores de mediunidade. Inclusive no seio da própria Igreja católica, fenômenos mediúnicos ocorreram sem que recebessem a condenação da época. Pelo contrário, eram considerados como santas ou santos daquela religião.

OS REGISTROS ENCONTRADOS em Ritinha indicavam que Marcelle acabara seus dias recolhida em local destinado a doentes mentais de tanto serem repetidos os acontecimentos narrados anteriormente em suas noites atormentadas pelo perseguidor desencarnado.

Ela praticara uma espécie de suicídio possível dentro de uma cela onde não dispunha de maiores meios de uma agressão mais contundente a si mesma. Resolveu parar de comer e de ingerir a água que lhe era trazida todos os dias com o objetivo de abandonar a existência, ignorando que jamais deixaria a vida imortal.

De alguma forma, a proposta de Alexandre havia se consumado para a infelicidade da suicida.

Georgete, sem a companhia da irmã, mal conseguiu aproveitar os bens desonestamente adquiridos através das denúncias de pessoas inocentes ao *Tribunal* presidido por irmão Leonardo que também se encarregava de conduzir os inquéritos e torturas das vítimas que nada deviam.

O que sucederia na continuação da vida, após a desencarnação de Marcelle numa cela infecta após o suicídio, tendo um obsessor a lhe cobrar pelos sofrimentos a ele impostos enquanto participara da existência encerrada sob torturas pelas falsas acusações de sua perseguida?

A AGRESSÃO DE AFONSO

– DONA CÂNDIDA, se não se sentir à vontade para abrir seu coração lembrando-se desses acontecimentos que marcaram muito sua vida, pode guardar silêncio, minha filha. Se, no entanto, quiser um coração amigo com o qual possa dividir suas dores, esse servo de Jesus está a sua disposição – falava com muita sinceridade e amor padre João.

– Preciso realmente dividir com alguém essa cruz que pesa sobre meus ombros, padre. Tem sido tão bom conosco que vou abusar um pouco mais da sua pessoa.

– Estou aqui para isso, minha filha, apenas não me chame ou julgue uma pessoa boa porque nem Jesus aceitou esse título ao afirmar que bom somente era Deus, que dirá de um simples mortal como eu!

– Seja como quiser, padre. Como vinha dizendo ao senhor, a maledicência alcançou o coração cheio de maldade de Afonso. Relataram a ele minha ida por duas vezes até a cidade em busca da medicação para minha filha Rosimeire. Essas insinuações, fruto da maldade do ser humano, caíram naquele homem como brasa em capim seco. O incêndio do ciúme e da malícia tomou conta do meu marido, padre.

– O triste nisso tudo, minha filha, é que vemos nos outros os defeitos que temos em nós. A pessoa infeliz que levou a notícia sabe lá de que forma até seu marido, tinha dentro dela a capacidade de fazer o que insinuou que você tivesse feito quando se valeu do auxílio do capataz em busca do remédio de sua filha. Por isso mesmo é que Jesus alertava para a nossa capacidade de ver um cisco no olho do próximo enquanto não víamos uma trave que estava no nosso. Se desejar continuar...

– Preciso continuar, padre. Afonso aguardou minha chegada da cidade pela segunda vez já para a minha casa. Entrei apressada para contar a ele o problema que vitimara a nossa filha pequena. Estava ainda com a medicação nas mãos quando ele irrompeu em alta voz, quase aos gritos: 'Aonde foi com esse maldito capataz, mulher?'

"Sofri um choque, mas não percebi no momento aonde ele queria chegar. Estava preocupada com a saúde de Rosimeire. Antes que pudesse responder alguma coisa ele gritou novamente: 'Mulher minha não sai por aí com homem nenhum, principalmente em minha ausência!'

"Mostrei-lhe a medicação que tinha ido buscar para nossa filha, mas ele estava transtornado e parecia não enxergar nada a não ser a maldade que lhe insuflaram na alma doente.

"Apanhou o frasco do remédio com fúria e o atirou contra a parede continuando a gritar: – Mandasse esse maldito capataz buscar essa porcaria sozinho! Precisava ir com ele, sua desavergonhada?!

"Foi então que entendi aonde a maldade humana é capaz de chegar, padre! Revesti-me de coragem por nossa filha e retruquei: – Afonso! Acabou de quebrar o vidro com o remédio da nossa filha! Eu voltei com o capataz porque o farmacêutico pediu para que pudesse orientar-me na maneira como administrar o remédio à menina! Você está louco?!

"De chicote em punho e ainda calçado com as botas guarnecidas de esporas, respondeu sempre aos gritos: – Vocês dois me pagarão muito caro a traição!

"Estava atônita! Como um homem pode fazer um raciocínio desses sobre a própria esposa? Por isso disse ao senhor, padre, que é melhor a separação de duas pessoas quando o desrespeito atinge tal limite. Mas vamos continuar a série de desequilíbrios que não paravam em Afonso, totalmente fora de si, imaginando coisas que jamais aconteceram a não ser na mente doentia dele e do autor da maledicência levada até ele.

"Chamou um dos homens encarregados de cuidar dos cavalos de sua propriedade e deu a primeira ordem: – Reúna seis empregados da sua confiança e leve esse maldito capataz para o bosque, amarrem-no em uma árvore e aguardem por mim – dava a ordem enquanto batia com as tiras do chicote contra uma das mãos.

"Em seguida chamou aos gritos por uma das mulheres que serviam na casa da sede e deu outra ordem: – Preparem uma bacia de banho cheia de água bem quente! Sua patroa deseja banhar-se para limpar-se da poeira que apanhou na estrada quando foi até a cidade.

"A pobre mulher sem compreender aonde a maldade daquele homem desequilibrado pelo ciúme e pelo veneno colocado em seus sentimentos queria chegar, olhou para mim como a perguntar se era para fazer aquilo mesmo, ou seja, colocar a bacia de banho com água quente no meu quarto.

"Percebendo o vacilo da pobre serviçal, levantou o chicote e gritou ainda mais alto: – Quer experimentar em seu lombo a força do meu braço, sua imbecil? Vá logo fazer o que ordenei! Coloque a bacia com água fervendo em meu quarto para a sua patroa banhar-se o mais rápido possível! Ela precisa limpar-se da sujeira da estrada!

"A assustada mulher não compreendia a maldade das colocações dele, mas partiu tremendamente aflita pela ameaça do chicote.

"Procurei argumentar sobre a saúde de nossa filha que era a minha maior preocupação: – Afonso. O remédio da menina! Pelo menos mande alguém até a cidade para providenciar outro frasco já que quebrou o anterior! A saúde dela está em risco!

"Ele disse inflexível: – Quebrei o vidro com esse maldito remédio e agora vou até o bosque quebrar outra coisa, Cândida!

"Deus alguns passos pesados em direção à porta, parou, voltou-se para mim e falou baixo, mas com um ódio mortal no olhar: – E daqui a pouco eu volto para acertarmos nossa conta!"

– Meu Deus, dona Cândida! Que ser infeliz esse seu marido! Parece até que não foi criado pelo Pai como todos nós! Como pode abrigar tanto ódio dentro dele? Já fico a imaginar o que deve ter feito ao pobre capataz, inocente de todas as suspeitas e maldades do senhor Afonso!

– Pois é, padre! Esse homem violento que é meu marido foi até o bosque onde o pobre e inocente trabalhador já se encontrava amarrado pelos outros empregados, e ele experimentou a fúria do chicote de Afonso até dobrar as pernas e perder a consciência pela dor que minou todas as suas forças, como fiquei sabendo muito tempo depois. Após essa infâmia contra o pobre rapaz, nunca mais o vi e nem a sua família pela fazenda. O que foi feito deles não tenho a menor ideia, padre.

– E ele voltou para agredir você também, minha filha?

– Afonso não era homem de não cumprir suas promessas, principalmente quando o seu orgulho estava em jogo. Para a minha infelicidade para o resto da minha vida ele voltou sim, padre.

– E a surrou também com o chicote como fez com o capataz?

– Antes tivesse feito só isso, padre!

– Como assim, só isso? Acha pouco um marido surrar a própria esposa com um chicote?

– Tem coisas que doem mais. Afonso marcou meu corpo e minha alma para sempre, padre!

– Mas não consigo imaginar o que esse homem poderia ter feito, minha filha!

– Ao voltar do bosque onde agrediu brutalmente o capataz, continuava violento ou até mais do que quando foi. Entrou na sala procurando por mim que estava junto da menina preocupada com a sua saúde. Ordenou que eu subisse imediatamente para o nosso quarto onde se encontrava a bacia com água fumegante como dera ordens à serviçal. Arrancou com violência a minha roupa e disse secamente: Sente-se nessa bacia, sua desavergonhada!'

Tentei chamá-lo à razão que eu iria queimar toda a parte do meu corpo que entrasse em contato com o líquido em temperatura alta, mas tudo em vão. Afonso parecia possuído por algo estranho que o dominava! Como vacilei em cumprir-lhe aquela ordem brutal, ergueu o chicote que ainda trazia preso à cinta e disse: 'Você quer sentar por bem ou por meio do meu chicote, mulher?!'

"Comecei a chorar e pedir a ele em nome de tudo que fosse sagrado em seu conceito. Por Deus, pela filha, por mim mesma, por tudo, enfim. De nada adiantaram minhas lágrimas, minhas palavras de apelo ao seu bom-senso de uma pessoa normal.

"Quando a primeira chicotada atingiu-me impiedosamente as costas nuas, a dor foi tamanha que sofri uma espécie de tontura que me desequilibrou.

"Nesse instante ele segurou-me por um dos braços e puxou-me em direção à bacia com água praticamente fervendo onde caí sentada, inutilizando-me como mulher para sempre! Sofri queimaduras terríveis, padre.

"O impacto com o líquido aquecido da forma como ele ordenara, causou-me uma dor tão grande que perdi os sentidos! Quando acordei estava sobre a cama tendo ao meu lado a serviçal que cumprira as ordens dele com referência à bacia de água fervendo. A pobre mulher chorava e me perdia perdão. Contemplei-lhe as faces por entre minhas lágrimas de dor física e emocional e ainda tive forças para dizer-lhe: – Perdoá-la de que se apenas cumpriu as ordens do seu senhor, minha filha?"

– Imagino o que sofreu durante todo o período para a sua recuperação, dona Cândida! – colocou o padre que até então não dissera palavra alguma, boquiaberto com a maldade que Afonso foi capaz de ter em relação à esposa e, porque não, em relação ao pobre capataz também.

– Não me recuperei nem física, nem emocionalmente, padre. Como mulher fiquei mutilada em meus órgãos genitais. E minha alma está ferida até hoje. Quando isso me foi imposto por ele, relembrei toda a minha má impressão sobre Afonso desde o dia em que esteve em minha casa para se insinuar junto ao meu pai como o candidato à minha mão. Eu não estava enganada em relação a esse homem. Por isso que eu disse ao senhor no início que um casamento atinge certa situação em que a separação é a melhor solução, padre.

– Entendo sua dor e revolta, dona Cândida, mas a dívida dele perante Deus um dia será cobrada. E à Justiça do Pai ninguém foge, minha filha.

– É o consolo que resta aos injustiçados nessa vida, não é padre?

COMO SEMPRE, OS aprendizes daquele drama estavam presentes e logo surgiram as perguntas ao irmão Virgílio.

– Como pode um ser conceituado de humano atingir uma situação dessa, irmão Virgílio? Enquanto a Lei determina o amor ao semelhante, esse homem tem a coragem de agir com tal brutalidade! – perguntou um dos espíritos em aprendizado.

– Somos seres saindo do reino animal e adentrando o reino hominal, meu filho. O animal disputa o seu território, o seu alimento por uma questão de sobrevivência. Quanto menos evoluídos ainda somos, mais alto fala em nós as determinações do sentido.

"Ensina-nos nossa benfeitora Joanna de Ângelis que *a desconfiança de não merecer o amor – inconscientemente – e a necessidade de impor o sentimento – acreditando sempre muito doar e nada receber – levam a patologias profundas de alienação, que derrapam em crimes variados, desde os mais simples aos mais hediondos...*

"Assim se encontra ainda esse companheiro perdido e guiado pelos instintos primitivos da animalidade em direção aos sentimentos mais dignos do reino hominal e deste ao reino angelical, quando então aprenderemos a amar verdadeiramente.

"Às vezes essa posição inferior na evolução se manifesta por agressões morais ao invés de físicas, tudo denunciando o quanto ainda nos cabe caminhar na estrada evolutiva."

– Encontrará ele o perdão diante da Lei maior da vida, irmão Virgílio? – retornou o mesmo aprendiz que fez a interrogação anterior.

– O perdão de Deus a ninguém é negado. Ele se manifesta através de novos retornos ao mundo material para ressarcirmos a quem devemos na justa proporção da ofensa que livremente fomos capazes de impor ao direito do nosso próximo.

"O que não existe é o perdão gratuito que é solicitado ao Criador como muitas religiões induzem a seus seguidores acreditar.

"A esse clamor pelo perdão quando a consciência desperta para o erro, Ele responde sempre com novas oportunidades para reconstruirmos e reconquistarmos o mal praticado e a pessoa atingida.

"Por isso Jesus foi bastante claro ao afirmar a Nicodemos que para entrar no reino do céu é preciso nascer de novo. Nascer de novo nas intenções de corrigir aquilo que deixamos errado pela nossa passagem na longa estrada da evolução.

"E para concretizar essas intenções, nos é dado um novo corpo e a nossa matrícula na escola da Terra onde reiniciamos exatamente do ponto em que nos comprometemos com o erro e com o mal perpetrado contra nosso semelhante.

"Não sabemos, por enquanto, os reais motivos que uniram nossa irmã Cândida ao seu companheiro Afonso, mas foram aproximados para que aprendessem a amar ao próximo como a nós mesmos se realmente desejamos demonstrar e provar nosso amor ao Criador!"

MARCELLE E O OBSESSOR

A CONTINUAÇÃO DAS consultas aos registros espirituais de Ritinha pelo irmão Virgílio e o seu grupo de estudos revelou que na sua existência como Marcelle, devido às visões que o espírito obsessor impunha constantemente a ela, a moça foi tida à conta de desequilibrada mental. O tratamento dado a esses casos pela medicina da época era recolher a pessoa em cela para os doentes com essa patologia diante da ignorância dos conhecimentos médicos daquele tempo.

Antes disso, porém, foi acusada de heresia pelo fato de ver *almas de outro mundo*, e quase provou do *próprio remédio* denunciada que foi como herege. Entretanto, como colaboradora de longo tempo com a religião dominante na época, foi preferível julgá-la como perturbada mental, o que lhe poupou de ser levada ao mesmo *Tribunal* onde acusou várias pessoas inocentes.

MESMO NA CELA em que fora recolhida, o obsessor não lhe dava tréguas. À noite se ouvia gritos de Marcelle e estranhos diálogos com criaturas invisíveis que a visitavam na penumbra das horas noturnas.

A proposta do obsessor continuava a mesma:

– Senhorita Marcelle, perdeu a oportunidade de lançar-se do alto da *torre da verdade* como sugeri várias vezes como condição de deixá-la em paz para sempre. Agora, nessa prisão em que se encontra como doente mental, procure arrumar um meio de tirar sua vida que já não compensa mais ser vivida. Não é uma pessoa boa? Pois, então! Ao partir dessa para melhor, irá para o céu em companhia do seu grande amigo Leonardo que também deve estar por lá de tão *bom* que ele foi aqui na Terra, não é mesmo? – ironizava o espírito por meio do diálogo mental com a sua vítima.

Quando desejava atormentá-la apresentando-se à sua visão ao deslocar-se do corpo físico nos raros momentos de sono, o obsessor dava uma trégua para que Marcelle adormecesse afastando-se do veículo material e entrando na dimensão espiritual da existência.

Nessas ocasiões, o perseguidor se valia para fazer-se visível com o seu corpo perispiritual deformado e infundir maior terror a sua perseguida.

Dessa maneira, através do diálogo mental ou por meio de apresentar-se à visão do espírito de Marcelle afastado do corpo, Alexandre desencarnado foi minando as forças físicas e emocionais da sua vítima.

Cada vez mais ela se convencia de que o suicídio era

o único caminho capaz de lhe proporcionar a paz, livrando-a daquela figura terrível que há anos roubara-lhe a tranquilidade de viver.

As sugestões mentais se sucediam num mecanismo ininterrupto de ideias de tirar a própria vida:

– Vamos, Marcelle! Livre-se de mim e dessa vida que já não compensa mais ser vivida! Mate-se e liberte-se! Vá para um lugar bom como o céu e descanse em paz para sempre!

Enfraquecida, física e mais ainda emocionalmente, Marcelle decidiu parar com a alimentação de pouca qualidade que lhe era trazida, como também de ingerir a água necessária para manter a vida.

Em vão, no início, os responsáveis pelo local tentaram fazê-la mudar de comportamento. Em pouco tempo, entretanto, desistiram de demovê-la daquela atitude. Afinal, não passava de uma louca incurável e o melhor para ela seria mesmo o fim da sua vida.

Numa manhã fria de inverno seu corpo foi encontrado sem vida sobre o piso frio das pedras que revestiam aquela cela solitária onde Marcelle amargou durante anos a sua suposta loucura.

– IRMÃO VIRGÍLIO, que coisa impressionante vemos nesses registros! Pode um espírito que se decide pelo mal levar realmente alguém ao suicídio, como ocorreu com essa nossa irmã? – perguntou o aluno ao seu orientador.

– O ódio levado ao extremo como vemos entre Alexandre e Marcelle pode realmente alcançar esse efeito destruidor. Mais uma vez, perante a violência do que encontramos nos arquivos de nossa irmã, o grande benefício da lição de Jesus em não cultivarmos a inimizade que pode atingir a violência como a que vemos agora.

– O objetivo de Alexandre cessou com o suicídio de sua perseguida, já que o suicídio traz por si mesmo tanto sofrimento a sua vítima? – perguntou outro presente.

– Tudo depende da carga de ódio envolvida. Continuaremos a analisar os registros, mas em muitos casos o obsessor continua a atormentar o alvo de seu ódio mesmo após a desencarnação.

IRMÃO VIRGÍLIO TINHA razão. Alexandre aguardava ansioso por Marcelle assim que ela deixou o corpo físico. Não só ele, mas todos os outros por ela denunciados ao *Tribunal* e que pereceram torturados na *torre da verdade*.

O espírito abandonou o corpo sem vida como o inquilino expulso de sua moradia por uma ordem de despejo. Estava atordoada.

"Continuava viva! Mas como?! Deixara de comer e beber para dar fim a sua existência! Sentira as forças enfraquecerem progressivamente. Havia mergulhado num sono que se aprofundava cada vez mais! Como estava viva?!" – eram os pensamentos que fervilhavam em Marcelle desencarnada.

Foi quando ouviu uma voz, uma voz que lhe parecia conhecida de há muito tempo.

– Seja bem-vinda ao nosso encontro, Marcelle!

Uma figura horrorosa como estava acostumada a ver em seus momentos de desdobramento pelo sono do corpo, só que muito mais acentuado em seus traços assustadores, se lhe apresentou fazendo uma mesura como se estivesse diante de alguém muito importante.

– Não se lembra de mim, senhorita? Não se preocupe. Vou apresentar-me. Sou Alexandre, sua vítima inocente perante o assim chamado *Tribunal*! E se não foi suficiente essa informação, aqui vai outra: sou aquele que foi torturado naquele inferno chamado ironicamente de *torre da verdade*! Lembrou-se agora, *bondosa* Marcelle?

– Você deve é estar louco! Aquele herege já morreu e foi para o inferno!

Estrondosa gargalhada percorreu o lugar lúgubre.

– Morreu? Alexandre morreu?

– Sim! Você é um monstro! Ele era um homem!

– Um homem que você transformou em monstro, sua maldita! Mantenho a aparência que você me deixou ao torcer meu corpo naqueles aparelhos infernais enquanto na Terra. E para recebê-la como merece, estampo em meu corpo de *defunto* os estragos que você fez a ele e que ficou no mundo com a minha morte!

– É mais louco do que pensei! Continua insistindo que morreu enquanto está bem vivo o suficiente para me atormentar!

– Não só eu, senhorita Marcelle, mas todos aqueles

a quem impôs sofrimentos com as suas mentiras! Veja com os seus próprios olhos, senhorita! Todos estão aqui deformados pelos aparelhos que você e seus cúmplices inventaram para nos torturar!

A essas palavras do obsessor, outros espíritos com o corpo perispiritual deformado se apresentaram à visão de Marcelle.

– De onde surgiram, malditos? Combinaram de me levar à loucura com essas monstruosidades todas?

– Pois olhe, Marcelle. Todo esse horror que vê por fora em nós, está bem longe da maldade que vai em sua alma! E vai nos pagar caro, muito caro a partir de agora! Peguem-na!

A essa ordem de Alexandre os outros espíritos foram se aproximando cada um apresentando a deformidade que as torturas na *torre da verdade* haviam imposto aos seus corpos materiais.

Marcelle recuava de braços estirados para frente em atitude de defesa.

– Não! Afastem-se de mim, seus malditos! Eu vou para o céu! Tive uma religião! Voltem para o inferno de onde vieram! Afastem-se!

Em vão debateu-se Marcelle para fugir à turba furiosa. Foi agarrada sem piedade e levada para um local cuja denominação ela conhecia muito bem: a *torre da verdade* plasmada na dimensão espiritual da vida pelos espíritos desejosos de vingança.

Enquanto continuava a se debater desesperadamente, Alexandre tornou a falar:

– Criamos esse local, senhorita Marcelle, especialmente para recebê-la como fez conosco lá no mundo dos homens. Aqui conhecerá o que é realmente a verdade da vida que nunca termina. Lá onde denunciava as suas vítimas, era um lugar transitório de mentiras, mas aqui conhecerá o peso do que seja a realidade dos nossos atos enquanto no mundo dos homens.

– Não! Soltem-me, seus bandidos! Tirem essas garras de mim! Irmão Leonardo, socorra-me desses malditos!

Ao pronunciar esse nome, Alexandre gargalhou novamente.

– Ele já está aqui, Marcelle! Chegou antes de você! Só que acho que não poderá socorrê-la como deseja.

Em seguida ordenou:

– Amarrem-na na mesa de tortura! Vai experimentar em nosso mundo o que fez conosco no mundo dos homens.

Um aparelho semelhante à mesa de tortura que existia na *torre da verdade* na vida material estava plasmado naquele recanto de dores morais exacerbadas no plano espiritual, onde o ódio era o tema que imperava.

À ordem recebida Marcelle foi amarrada no aparelho e começou a ser torturada como se estivesse na posse do seu corpo material.

– Vai sentir do próprio veneno, senhorita Marcelle. Mas não se preocupe. Não vai morrer como na Terra. Suplicará pela morte que não poderá atendê-la, já que passou por ela após o túmulo. E tem mais! Terá companhia! Repare bem quem está ao seu lado.

Ao virar a cabeça para o lado apontado por Alexandre, ela vislumbrou o espírito Leonardo também amarrado nas mesmas condições que ela e submetido às mesmas torturas que tinham início com a sua chegada naquele local de sofrimentos atrozes.

– IRMÃO VIRGÍLIO, estou espantado com essas cenas todas! Como foi sábio Jesus ao nos recomendar a reconciliação com nossos inimigos enquanto em trânsito pelo mundo! Marcelle vai experimentar as torturas que impôs àqueles infelizes enquanto esteve no mundo? – perguntou um dos espíritos que compunham a equipe em aprendizado.

– Não fique tão chocado, meu amigo. Tudo isso é profundamente lamentável, mas nada se passa sem o conhecimento da Providência Divina. Companheiros nossos acompanharam naquele tempo o desenrolar desses acontecimentos dos quais tomamos ciência nos dias atuais.

"A Lei, a Justiça e a Misericórdia vigiam todos os recantos do Universo. Nada está entregue ao abandono, ao caos. Alexandre será esclarecido que o sofrimento que ele impõe aos seus semelhantes também rouba-lhe a paz, impedindo de ser feliz como pensa que está sendo. O ódio não é caminho para que alguma criatura de Deus conquiste a paz e a felicidade real.

"Nossos irmãos Marcelle e Leonardo também serão socorridos após experimentarem uma dose adequada da lei de semeadura e colheita. Tudo é devidamente dosado para preparar o espírito imortal para que ele retorne ao caminho estreito e difícil da caminhada evolutiva, mas que conduz ao Pai.

"As ações de vingança de Alexandre jamais se sobrepõem às Leis que a todos vigiam. Ao torturar temporariamente as suas vítimas, ele está, na realidade, agindo no trabalho pelo bem. Prepara esses corações para o arrependimento ao compreenderem que o mal nunca traz como colheita o bem e a paz tão desejada por todos nós.

"Diríamos que Alexandre é o professor daqueles que não aceitaram, por enquanto, como mestre o amor. Todas as vezes que refugamos as lições do amor, Deus permite que a professora substituta chamada dor nos ministre as lições de que necessitamos. É o que acontece a Marcelle no momento em que visitamos esses registros.

"Também não podemos excluir o próprio agressor que acabará concluindo que toda a maldade que possa utilizar para agredir os seus desafetos, não é capaz de fazê-lo feliz. O que Alexandre deseja, vingando-se, é sentir-se feliz por crer que foi justiçado. Ao perceber que isso não aconteceu, vai parar para refletir porque deseja também a felicidade, embora a procure de maneira errônea.

"O ódio cansa, enquanto o amor alimenta com a paz e a felicidade aqueles que o praticam. Aquele que ama recebe um reforço positivo a cada ação praticada. Refaz as energias.

"Aquele que odeia é minado em suas forças e possibilidade de obter a paz e ser feliz. Daí o cansaço que atinge o que se entrega à vingança. Nunca se satisfaz. É semelhante ao sedento que ingere a água do mar e não o líquido da fonte fresca e limpa que nos oferece Jesus! Prossigamos consultando os acontecimentos registrados na memória da nossa Ritinha."

– EIS AÍ o seu companheiro de desonestidade no mundo, Marcelle. Sim! É ele mesmo. Leonardo! Também o trouxemos para cá depois da morte que o retirou do esconderijo do corpo após o ataque apoplético que sofreu. Vocês experimentarão juntos o que nos impuseram na Terra. Quem sabe esse sofrimento em companhia um do outro doa menos, não é assim?

– Como ousam torturar o irmão Leonardo, um representante de Deus entre os homens?!– interpelou Marcelle.

– Representante de Deus? E foi d´Ele que recebeu a ordem de torturar seus semelhantes?

– Vocês eram hereges! Precisavam confessar o crime cometido contra a religião! – respondeu ela.

– Você sabe muito bem que não cometemos crime algum. É um direito pensar livremente. Não foi o seu Deus quem permitiu o livre pensamento, o livre-arbítrio? Crime cometeram vocês em todas as ocasiões em que submetiam alguém às malditas torturas! Mas agora pagarão caro pelo que fizeram ocultos pela justiça dos homens.

– Marcelle! Marcelle! O que está acontecendo, minha filha? Como um pecador desses nos mantém prisioneiros? Nosso lugar é no céu. Zelamos pela nossa religião entre os homens! Onde está o paraíso? – gritava ao lado dela Leonardo.

– Deus nos libertará, irmão Leonardo! Ele nos enviará seus anjos para nos levar ao paraíso e esse bando de malfeitores terá o que merece! – respondia Marcelle também sem entender o que estava ocorrendo.

NOVAMENTE A CONSULTA aos registros espirituais de Ritinha foi suspensa por uma pergunta de um dos aprendizes do irmão Virgílio.

– Esse socorro realmente ocorrerá, irmão Virgílio?

– Sem dúvida nenhuma. Apenas o tempo de nossos dois conhecidos, Marcelle e Leonardo, recolherem da vida uma cota da sua semeadura e o socorro chegará para todos, inclusive para Alexandre, evitando que continue a semear o ódio em seu caminho na tentativa errada de fazer justiça com as próprias mãos.

A UMA ORDEM de Alexandre, os aparelhos de tortura na dimensão espiritual foram acionados à semelhança do que ocorria na *torre da verdade* enquanto os envolvidos estavam encarnados, impondo sofrimento e deformidades ao corpo perispiritual de Marcelle e Leonardo.

A continuação dos registros indicou que esse mecanismo de tortura perdurou por alguns anos, não pela indiferença ou impotência da Providência Divina em coibi-lo, mas como a ação de um buril sobre a pedra bruta dos sentimentos de Marcelle e Leonardo para desses sentimentos extraírem as impurezas que impediam o amor pelos semelhantes.

Decorrido o tempo julgado necessário pelas Leis soberanas e justas do Universo, tanto Alexandre como seus demais companheiros, Leonardo e Marcelle, foram reconduzidos a novas reencarnações por ordem dos planos elevados da vida.

A Lei procurou afastá-los o suficiente para que não viessem a reincidir nos mecanismos de agressão que os marcaram naquela existência na Idade Média.

– MAS, IRMÃO Virgílio, não determina a Lei que os devedores se reaproximem para buscarem a reparação do mal praticado contra o outro? – foi a pergunta que surgiu.

– Sem nenhuma dúvida, meu filho. Apenas ocorre um afastamento temporário para que o ódio arrefeça um pouco em sua força.

"Com certeza voltaram a se reencontrar ou voltarão a esse novo encontro, mas a nossa permissão de consultar os registros foi dada apenas até esse ponto. Os detalhes das outras reencarnações não foram autorizados para consulta.

"Nos foi adiantado apenas que os envolvidos em todo esse drama, Marcelle, Alexandre, Georgete, Leonardo, e as demais vítimas do chamado *Tribunal*, há quatrocentos anos estão sendo aproximadas para novas oportunidades de reajuste.

"Suponho que Alexandre e Marcelle tenham tido oportunidades de maiores aproximações devido ao grave comprometimento entre os dois.

"Na verdade, se Alexandre foi morto na *torre da verdade* pelas falsas denúncias de Marcelle, ele, através da obsessão, levou-a, de uma certa forma, ao suicídio. Em assim acontecendo, esses dois espíritos necessitam de laços familiares mais próximos nas futuras reencarnações que tiverem para que o ódio seja superado pelo amor como determina a Lei.

"Dentro dessas limitações do momento que a interrupção à consulta aos registros anteriores nos impõe, vamos extrair as lições dos sofrimentos da existência atual de dona Cândida e de sua neta dando continuidade ao nosso aprendizado acompanhando o desenrolar dos dias do tempo presente.

"Sempre, na cartilha da Natureza, encontraremos algum ensinamento de Deus aos homens ou aos espíritos desencarnados como nós.

"Quanta coisa a aprender entre o nascer do sol e o brilho das estrelas! Falta, contudo, a humildade de sermos melhores alunos na escola do Universo."

E A VIDA CONTINUA

– PADRE JOÃO, como está dona Maria? As visitas dela têm se tornado cada vez mais espaçadas.

– Dona Maria está com problemas no coração, minha filha. Os médicos a têm tratado, mas parece que o problema não é muito simples. Entretanto, a fé dela em Deus não esmorece e continua firme na luta junto aos muitos filhos e ao marido. Sempre lembra de você quando nos encontramos e recomenda que eu seja portador do abraço amigo.

– Que Deus a proteja, padre João. Alma boa está ali. Dê lembranças minhas a ela da mesma forma.

– E a nossa menina, como vai indo após esse tempo em que estão conosco, dona Cândida?

– Muito bem, graças ao amparo de vocês todos. Nem parece que já faz um ano que fomos recolhidas pela bondade do senhor.

– Bondade de Deus, minha filha! Bondade d´Ele! A senhora também tem nos auxiliado com as suas prestimosas costuras para o enxoval das crianças que amparamos. Vamos dizer assim que estamos empatados – disse sorrindo o bondoso religioso.

Aguardou um tempo e perguntou:

– E seu marido e a sua filha, não procuraram pela senhora em todo esse tempo?

– Meu marido vive de aventura em aventura com outras mulheres, padre. Provavelmente deve ter colocado uma *substituta* na casa da fazenda em meu lugar.

Quanto a Rosimeire não estranho a ausência já que ela conseguiu o que queria: que Ritinha desaparecesse da vida dela. Creio que receia me procurar e ter notícias da filha que rejeitou.

Dessa vez foi ela quem aguardou alguns instantes enquanto o padre olhava Ritinha e pediu:

– Padre João, se não for pedir muito, um desses dias gostaria de visitar a dona Maria. Sinto muita falta dela!

– Assim que for possível, providenciarei. Creio que ela ficaria muito alegre em receber a sua visita também. Só não posso prometer quanto tempo levarei para ajeitar as coisas, minha filha.

– Compreendo, padre. Fica para quando for possível.

Mas o tempo foi passando e o padre João não cumpria a sua promessa. Dona Cândida estava realmente saudosa de rever a amiga. E depois de alguns meses de silêncio, numa das visitas do religioso, Cândida estava muito alegre ao recebê-lo:

– Padre! O senhor não pôde me levar até a casa de dona Maria, mas ela passou rapidamente por aqui. Estava com bom aspecto! Creio mesmo que está curada!

– Dona Maria veio visitá-la, dona Cândida?!

– Sim, padre. Parou na porta. Acenou-me uma das mãos e disse que assim que tivesse um tempo maior, voltaria para uma visita mais demorada.

– Ela esteve aqui nesse quartinho, minha filha?

– Sim, padre! Dona Maria! Por que o espanto?

– Não. Nada. É que ela é tão ocupada que não sei nem como teve tempo de dar um *pulo* até nesse lugar que fica bem longe da casa dela. Espero que volte logo.

– O senhor a tem encontrado na Igreja?

– De uma certa forma, sim. Ela... Ela...

– Padre? O senhor está bem? Parece confuso!

– Desculpe, minha filha. É que me lembrei de uma visita a um doente em estado grave lá da nossa paróquia. Se me der licença, preciso dar uma *chegada* à casa dele.

– Claro, padre! Vá visitar o seu doente e dê um abraço em dona Maria por mim.

– Será dado, dona Cândida. Deus abençoe você e à sua neta.

"Coisa mais estranha! O padre João estava esquisito quando falei da visita de dona Maria! Também, coitado, com tantas preocupações na cabeça não podia ser diferente!" – ficou a pensar dona Cândida.

"Maria veio visitá-la?! Como poderia? Será que os problemas com a neta estavam deixando dona Cândida desequilibrada em seus sentimentos? Voltarei a visitá-la na próxima semana sem falta para observá-la melhor. Levarei Zezinho comigo" – cismava o padre.

Como planejou, da mesma forma executou e antes dos sete dias estava novamente conversando com dona

Cândida no quartinho dela tendo em sua companhia o filho de dona Maria.

– Padre João! Que boa surpresa! Essa semana estou feliz! Hoje o senhor me visita e sabe quem esteve por aqui ontem? Sempre correndo, claro?!

– Não tenho a menor ideia, dona Cândida. Quem a visitou ontem?

– Dona Maria João! Parece até que vocês combinaram para me alegrar! E que bom que trouxe o menino dela!

Padre João esfregou as mãos, olhou para o chão e perguntou meio sem jeito:

– Dona Cândida, está tudo bem com a senhora?

– Comigo? Como não poderia estar, padre? Estou nesse quarto abençoado junto com a minha neta e recebendo toda a atenção de vocês, por que não deveria estar bem?

– A senhora tem certeza que dona Maria, a mãe do Zezinho, veio visitá-la ontem?

– Padre! Não estou entendendo! O que há de errado em minha amiga vir me visitar, mesmo que muito rapidamente?

– É que... É que...

– Fale padre!

Antes de responder pediu para Zezinho que estava ao lado dele para ir dar uma olhada na menina Ritinha.

– Vá até lá, meu filho. Dê um beijo no rosto da nossa amiguinha e veja se está tudo bem com ela. Eu já vou em seguida.

Assim que o menino se afastou, padre João explicou:

– Dona Cândida, a senhora não pode ter recebido a visita da nossa amiga Maria, minha filha!

– E por que não, padre?! O senhor está me deixando confusa!

– Dona Maria partiu há algum tempo ao encontro de Deus, dona Cândida!

– Mas padre! Não é possível! Ela estava parada na porta do quartinho sorrindo para mim e abanando uma das mãos! Será que estou ficando louca, meu Deus?!

– Calma, dona Cândida. Não queria revelar o acontecimento para a senhora antes para não entristecê-la e principalmente porque a senhora disse que a viu aqui no quarto após a morte dela!

– Mas, padre, eu juro para o senhor! Dona Maria estava nessa porta e me abanou a mão!

Nisso Zezinho voltou e dona Cândida abraçou-o com muito carinho e numa tentativa de consolá-lo e desabafar sua dor, comentou:

– Como vai você, meu amor? Sua mamãe foi para o céu, meu filho?

– Não, tia! Minha mãe disse que precisava ficar um tempo longe se tratando, mas que voltaria sempre. E ela já veio me ver várias vezes!

Dona Cândida continuou abraçada ao menino e estendeu os olhos para o padre como à procura de uma explicação para as palavras do menino.

Padre João logo interferiu:

– Zezinho tem a fé da mãe, dona Cândida. Ele tem a

certeza que dona Maria continua viva, o que justifica as palavras do menino.

— E o que explica o que eu vi, padre?

— As saudades suas de dona Maria! Vocês se queriam muito bem e seu pensamento criou a imagem dela, dona Cândida.

— Mas padre, meu pensamento criou a imagem de dona Maria sorrindo e abanando-me as mãos também?

— Nosso pensamento é capaz de coisas que nem imaginamos, minha filha! Que nem imaginamos!

Dona Cândida fez o sinal da cruz sobre o peito, falando:

— Será que era a alma dela, padre?

— Minha filha, Maria foi para Deus por ser uma pessoa muito boa. Oremos por ela e peçamos paz a sua alma ao invés de ficar imaginando coisas!

COMO A EQUIPE de Irmão Virgílio continuava acompanhando o caso, logo não faltou perguntas:

— Isso é possível, irmão Virgílio? Dona Maria realmente teria passado por aqui para rever a amiga?

— Não nos é difícil entender que sim, meu amigo. Com o auxílio de amigos espirituais, dona Maria que foi uma pessoa voltada para o bem, pode ter condensado seu corpo perispiritual até o ponto de se tornar visível à amiga.

— E será que veio visitar o filho também, como afirma o menino? Qual o mecanismo utilizado para apresentar-

-se a ele? O mesmo que à dona Cândida?

– No caso de Zezinho a razão é outra. As explicações de o menino ver a mãe, abordaremos em outra oportunidade. Porém, tenhamos sempre em conta que o amor é capaz de coisas que não somos ainda capazes de imaginar e entender porque não conhecemos o amor em toda a sua profundidade e grandeza, meu amigo! O que não conseguirá o amor da mãe pelo filho, não é mesmo? Aqueles que tiveram mãe no mundo que foram capazes de amar incondicionalmente a seus filhos, talvez compreendam parcialmente esses motivos.

– Mas isso não passa pela cabeça do padre, não é irmão Virgílio?

– Será que não? Auscultemos os seus pensamentos que ele não pode manifestar, obviamente, devido a sua religião.

"Também acho que dona Maria é uma alma suficientemente boa para nos visitar nesse vale de lágrimas em que ficamos. Não duvido nem de dona Cândida e nem do menino Zezinho, mas como explicar que isso é possível, meu Deus?" – pensava o bondoso padre ao mesmo tempo em que respondia aquilo que a religião lhe permitia.

VINTE ANOS DEPOIS!

O TEMPO PASSOU célere e indiferente aos dramas humanos.

Dona Cândida recebera em seus cabelos a neve da idade. Na face estampava os sinais da velhice. Apenas o sorriso revelava sua consciência tranquila pelo dever cumprido junto à neta que não teria vivido, por todos aqueles anos, não fosse a dedicação e o amor da avó materna.

Rosimeire não dera sinais de vida ou simplesmente nunca procurara saber da mãe com receio de reencontrar a filha que significava para ela apenas um motivo de vergonha.

Afonso, só Deus saberia do paradeiro dele. Se estava ainda entre os chamados vivos da Terra, dona Cândida ignorava.

O caridoso padre João dobrara a coluna acometida pelos problemas inerentes à velhice, mas permanecia firme na sua obra de assistência aos seus assistidos. Fora afastado do seu trabalho junto à paróquia devido à idade, contudo permanecia à frente dos trabalhos de benemerência em reconhecimento dos seus superiores pelo imenso trabalho prestado em todos os anos de serviço dedicado à Igreja católica. Continuava amado por todos os que tinham a felicidade de com ele conviver.

Zezinho, ou melhor, o agora José, tornara-se adulto revelando o coração bondoso de sua mãe, dona Maria João. Professava a fé espírita dedicando-se a ela em todos os momentos que o trabalho pela subsistência material concedia. Além de suas muitas tarefas junto ao centro espírita a que estava vinculado, exercia tarefa grandiosa de assistência que os muitos necessitados atendidos por ele requisitavam.

Era manso, humilde, caridoso, fraterno, extremamente sensível e amparado pelos espíritos superiores que encontravam nele um fiel servidor de Jesus. Sua fé não o incompatibilizara junto à bondade do padre João. Eram verdadeiros irmãos como devem ser todos os seres humanos que servem à sua religião sem fazer dela motivo de contenda com os seus semelhantes. Apenas entendiam os acontecimentos da vida de maneira diferente, respeitando-se de maneira fraterna e amiga em seus pontos de vista.

Uniam forças ao invés de medir forças como deveria ser aos olhos de Deus.

Suas visitas ao quartinho longínquo onde dona Cândida e Ritinha se alojavam há tantos anos eram frequentes. Nesse local abençoado para ambas, José falava de Jesus e das mensagens de bem-aventuranças que aguardavam os aflitos do mundo que sabem confiar e resignar-se perante os desígnios da Providência Divina.

Ritinha tinha sua saúde física ano a ano complicada pela deformidade do seu corpo que ensejava seríssimas enfermidades dos pulmões. Fora hospitalizada várias vezes com quadro de graves pneumonias em que sua vida esteve correndo graves riscos, segundo os médicos que a assistiram. De acordo com eles, tudo era uma questão de tempo. A menina que alcançara a idade da juventude graças à dedicação da avó corria o risco em qualquer desses episódios de partir dessa vida.

O encontro de José com padre João em visita à avó e neta não eram raras. E foi numa dessas ocasiões que os encontramos reunidos no quartinho cedido pela paróquia da Igreja.

– Hoje minha família está completa! Padre João, José, o querido filho da minha amiga Maria, e Ritinha.

A neta compreendia a conversa, mas tinha imensa dificuldade de articular palavras. Entretanto, revelava na expressão do rosto quando concordava e se alegrava com o assunto comentado ou quando a conversa a desagradava. Diríamos que a expressão dos seus olhos e o sorriso ou a tristeza estampada em seu rosto substituíam suas palavras.

– Nós é que nos alegramos por estarmos reunidos nesse abençoado lar, não é padre João? – comentou em resposta o moço José.

– Lar, meu filho? Um quarto abençoado, não resta

dúvida, mas tão acanhado para preencher o conceito de um lar, José! Bondade sua! – comentou Cândida.

– Os sentimentos, as emoções, a vibração deste lugar substituem com vantagens o pequeno espaço, dona Cândida – manifestou-se o filho de dona Maria. – Não pensa assim também, padre João?

– Sem nenhuma dúvida, José. Sábias palavras, meu jovem. Esse *menino* vai longe, dona Cândida!

– É o retrato da mãe, padre. Pena que Maria não pode vê-lo agora como é pura essa alma! Igual a dela.

– Minha mãe vê, sim, dona Cândida, mas não encontrou ainda a pureza a qual a senhora se refere. Pelo contrário, me chama sempre a atenção para que eu me aprimore nos serviços em favor do nosso semelhante.

– Quanto a mim, mantenho meu silêncio, meus amigos. Tenho a certeza de que Maria está em um bom lugar, mas quanto a voltar para ver seu filho, não vou discutir o assunto – disse o padre batendo carinhosamente nos ombros de José.

Todos riram compreendendo-se reciprocamente.

– Mudando de assunto, quando você era ainda uma criança, José, você chamava Ritinha de Marcelle. Por que será, meu filho?

José, antes de responder, teve o cuidado de verificar que a moça dormia a sono solto, já que não passara a noite muito bem e agora repunha o sono noturno que lhe faltara para o devido repouso do corpo sofrido.

– Dona Cândida, com todo o respeito que a religião

e o padre João merecem da minha desvalida pessoa, os amigos espirituais informam que Ritinha viveu numa das suas existências anteriores na Idade Média onde tinha esse nome. Naquela época eu não compreendia direito o que eles diziam. Apenas repetia o que eu ouvia por parte deles.

José ficou constrangido com o receio de estar ofendendo a crença de padre João e desculpou-se:

– Perdão, padre. Não quero absolutamente ofender ao senhor ou a sua religião porque aprendemos na doutrina espírita que Deus concedeu a todas as Suas criaturas junto com a razão, o livre-arbítrio que é o direito de fazermos nossas escolhas. Em assim sendo, o espírita aprende que deve respeito total às religiões dos seus semelhantes e não seria eu quem se atreveria ao desrespeito. Apenas esclareço a dúvida de dona Cândida dentro da explicação espírita.

– Fique tranquilo, meu filho. Não posso concordar com você, mas respeito que pense dessa forma.

– Se não se importa, padre – disse dona Cândida –, gostaria de perguntar mais uma coisa ao nosso amigo, o moço José. O senhor dá licença? Não irei ofendê-lo?

– Não, minha filha. Sinta-se à vontade. Apenas me reservo o direito de não concordar, evidentemente.

– E respeitamos plenamente esse seu direito, padre – acrescentou o filho de dona Maria.

– O espiritismo teria uma explicação para esse sofrimento todo da minha neta, José? Nascer nesse estado, toda deformada, sofrendo por uma vida inteira enquanto muitas jovens na idade dela estão casadas, com um lar e com filhos?

Novamente, José verificou se Ritinha continuava dormindo antes de responder já que não tinham outro espaço além do pequeno quarto para a conversa.

– Aprendemos com Allan Kardec em *O Evangelho segundo o Espiritismo*, que se Deus existe como temos a mais profunda certeza que sim, Ele é absolutamente justo e bom. Portanto, os sofrimentos que nos atingem não podem ser distribuídos ao acaso. Ou eles têm origem na vida atual ou em existências anteriores. Fora dessa explicação, conflitamos a Bondade d´Ele com a sua Justiça. Por que o são ao lado do doente como Ritinha? Por que o milionário ao lado daquele que passa fome? Por que o deficiente mental ao lado do gênio? Teria Deus escolhido ao acaso a quem contemplar com o sofrimento ou com as bonanças da vida? Que Deus seria esse que tivesse seus privilegiados e os seus esquecidos?

– É para testar a fé de seus filhos, José – aparteou o padre.

– Mas bondoso padre João, por que testar apenas a alguns e não a todos? Os privilegiados com a saúde e a abundância financeira como seriam testados em sua fé, meu honrado servidor de Jesus? Veja o seu próprio exemplo padre: uma vida de dedicação aos sofredores ao lado daqueles que passam toda uma existência envolvidos com os crimes que lesam seus semelhantes!

– A esses está reservado o acerto de contas no inferno, meu filho!

– Mas padre João, se Deus é presciente, ou seja, sabe tudo o que vai acontecer antes que aconteça, teria Ele criado filhos criminosos para lançá-los no inferno para todo o sempre? Que pai aqui na Terra conceberia junto a sua esposa filhos para destiná-los ao crime, meu bom padre? Todos os pais sonham o melhor para seus descendentes! Como haveria o Criador de colocar na vida criaturas sabidamente por Ele tão más para serem condenadas a um inferno sem fim? Evidentemente o Pai que é perfeito não as teria colocado na vida, padre João.

– E o que o espiritismo propõe meu filho: que elas o sejam perdoadas e levadas para o céu juntamente com aqueles que procuraram por uma vida de honestidade aqui na Terra?

– A Bondade de Deus oferece a cada um de nós tantas existências quantas precisarmos para repararmos o mal praticado! Essa explicação é a mais lógica com um Deus de misericórdia e de bondade do que condenar a um de Seus filhos que seja ao inferno sem fim, padre. O perdão de Deus se manifesta por novas e inúmeras oportunidades de consertarmos o que fizemos de errado! Tantas vezes quantas forem necessárias! Que mãe seria feliz estando num bom lugar se visse um único filho seu condenado a um inferno eterno, padre João?

– Você está querendo dizer que *céu* e *inferno* são bobagens da religião católica, meu filho?

– Perdão, padre! Nenhuma religião ensina nenhuma bobagem aos seus seguidores. É só uma questão de interpretação, padre.

"Para nós, espíritas, *céu* ou *inferno* é uma questão interior da consciência em paz ou da consciência endividada e não um lugar exterior a uma pessoa. Dessa maneira, cada um transporta onde estiver ou para onde for o seu *céu* ou o seu *inferno* particular.

"Para o espiritismo, todos somos criados para atingir a perfeição. Entretanto, para isso, são necessárias inúmeras existências, como disse Jesus a Nicodemos ao afirmar que para entrar no reino dos céus era preciso nascer de novo. E aqui estamos nós em um novo corpo lutando contra nossas imperfeições. Aí está nossa irmã Ritinha colhendo semeadura do passado a quem nos cabe auxiliar de todas as maneiras possíveis, como está fazendo magistralmente sua avó, dona Cândida!"

– O nascer de novo de Jesus é o ato do batismo, José, onde a criatura faz a opção por seguir a Deus. Jesus foi batizado por João Batista nas águas do Jordão, meu filho.

– Então necessitaríamos deixar a criança crescer para entender esse significado do batismo que é a opção por Deus, padre. No entanto, o batismo é feito enquanto a criança não sabe sequer se está viva. O batismo de Jesus foi mais uma prova que ele ofereceu à humanidade de que era realmente o enviado por Deus aos homens. Constava nas profecias que o Messias seria batizado nas águas do Jordão. Se ele tivesse se recusado a esse ato exterior, não faltaria quem duvidasse da sua pessoa como o enviado de Deus.

"Além disso, padre, o batismo verdadeiro é aquele interior no qual optamos pelo bem e pela luz, combatendo o mal e as trevas de que somos portadores!"

Nessa altura da conversa amigável entre eles, Ritinha demonstrou que acordara com os movimentos no leito e alguns sons sem significados.

Abraçaram-se todos e da mesma forma depositaram na face da moça um beijo fraterno de bom despertar.

Em seguida se despediram prometendo voltar assim que possível.

JOSÉ E O PADRE JOÃO

– BOM DIA, padre João. Desculpe vir incomodá-lo em seu justo repouso nessa hora da noite.

Era José que procurava pelo bondoso sacerdote.

– Não, meu filho! Não me incomoda em nada. Apenas não sou capaz de atinar com a sua visita nessa hora da noite, meu bom rapaz!

– Peço novamente suas desculpas pelo que venho lhe falar, padre João.

– Só você mesmo, meu amigo! Desculpando-se antes de falar. Pois fale, meu filho! Fale enquanto esses ouvidos não se tornam mais surdos ainda!

– O senhor poderia ir comigo até o quartinho de dona Cândida agora?

– Claro que posso. Mas você pode me esclarecer a razão disso a essa hora?

– Ritinha vai desencarnar, padre, e tenho certeza de que tanto ela como a avó vão se confortar com a sua presença.

– José! Não quero ofendê-lo! Jamais! Você é uma pessoa tão cândida que eu não me perdoaria se fizesse alguma ofensa a sua pessoa. Mas como sabe que a Ritinha vai partir agora, meu filho? Desencarnar para vocês é morrer, não é?

– Sim, meu bondoso padre. E nessa hora a sua presença será um conforto para as duas: a neta e a avó, padre João.

O padre sorriu e perguntou:

– Desculpe, José. Mas como pode saber de uma coisa assim, da morte da nossa Ritinha, meu filho?

– Minha mãe veio avisar-me, padre. Pediu que viesse procurá-lo para, juntos, levarmos consolo a elas nessa hora tão triste da vida de qualquer ser humano. Na verdade, principalmente no caso de Ritinha, não deveria ser de tristeza, já que ela sairá da prisão da matéria, padre. Alçará voo para o infinito, redimida de um passado de equívocos.

Diante da hesitação do religioso, José acrescentou:

– Não peço que creia no que estou dizendo, apenas me faça o imenso favor de acompanhar-me.

Sem jeito para recusar o pedido devido à candura do moço, o padre logo se pôs a caminho com ele. Rapidamente chegaram ao quartinho que abrigavam as duas. Dona Cândida exclamou surpresa:

– Foi por Deus, padre! Precisava tanto de pessoas amigas! Ritinha não está bem. De repente começou a ficar gelada. Pensei que era o tempo lá fora, mas não se aqueceu com os cobertores que coloquei sobre ela. Tentei falar alguma coisa com ela, e percebi que não está me ouvindo. Fiquei desesperada porque não sabia como falar com algum de vocês! Lembrei-me até de dona Maria e pedi a ela socorro também. Mas Deus ouviu minhas preces e vieram os dois! Obrigada, Senhor!

Padre João olhou para José não acreditando que aquilo estivesse acontecendo. Aproximou-se de Ritinha e colocou uma das mãos sobre o rosto da moça e confirmou não só a pele fria, como também a extrema palidez da sua face.

– Ritinha, minha filha! É o padre João. Vim te visitar junto com o nosso amigo José!

Não houve nenhuma reação. A respiração da moça começou a ficar mais espaçada e enfraquecida aos olhos atônitos do padre João.

"O que estaria acontecendo, meu Deus? Como José teria sabido daquela situação? Dona Maria, a mãe dele estaria realmente envolvida nesse acontecimento? Mas de que maneira? Dona Cândida lembrara-se dela no momento do desespero pela situação da neta, mas o que isso significaria? O que faltava ainda ver antes de partir em direção a Deus?" – eram os pensamentos que desfilavam céleres pelo pensamento do religioso.

– Padre João – disse José procurando chamar o idoso sacerdote para o momento presente –, oremos a Deus pedindo por Ritinha. Que os espíritos do Senhor venham auxiliá-la nessa hora, meu bom padre.

José cruzou as mãos em ato de oração e continuou:

– Mãe Maria, a senhora que tanto quer bem a essas duas, colabore com os espíritos aqui presentes para a desvinculação da nossa amiga! Rogamos principalmente ao Senhor meu Jesus! Ela já sofreu muito, Senhor! Permita que os teus mensageiros do bem trabalhem na desencarnação dela!

Padre João escutava e via a atitude do moço José sem entender muito. Foi convocado por ele também.

– Padre, dê suas bênçãos a nossa irmã que parte! Conceda a ela as palavras de conforto de sua respeitável religião! É hora de somarmos nossos pedidos a Deus para que Ritinha seja amparada como merece.

E na mesma hora em que o padre dizia suas palavras do ritual católico à moça que partia de maneira inesperada e por causa ainda não esclarecida, José aplicava-lhe passes na região do tórax na altura do coração.

Assim que padre João se afastou um pouco da moribunda, José colocou suas mãos sobre a testa dela aplicando passes nesse local da mesma forma.

Dona Cândida a tudo assistia vertendo lágrimas por aquela que lhe constituíra em imenso tesouro e na razão de sua existência.

José olhou para o teto do quarto humilde que abrigara Ritinha todos aqueles anos e viu a parte física do telhado como ampliar-se e abrir para que entidades luminosas adentrassem o ambiente espiritual daquele recinto, retirando Ritinha adormecida do corpo que lhe impusera imenso sofrimento durante tanto tempo.

IRMÃO VIRGÍLIO E os seus companheiros de aprendizado estavam presentes como não poderia deixar de ser. E como de costume, surgiu a primeira pergunta:

– Irmão Virgílio, José olha sempre em nossa direção e dos demais desencarnados! Será que ele nos vê?

– Sem nenhuma dúvida. José é um tarefeiro de Jesus com um grande trabalho a realizar. Para tal tarefa retornou a um novo corpo com vários tipos de mediunidade. A vidência é uma delas, o que lhe faculta a visão da nossa dimensão como se aqui estivesse.

– Foi por isso que o senhor disse que ele via a mãe, dona Maria João, de uma maneira diferente de dona Cândida?

– Exatamente por isso. Ele a via e vê através da sua mediunidade, enquanto dona Cândida viu a amiga por uma condensação temporária do perispírito da amiga desencarnada.

– Será que após a desencarnação de Ritinha podemos saber a razão da deformidade do corpo em que ela se viu presa na atual existência que agora se encerra? – perguntou outro dos componentes do grupo do irmão Virgílio.

– Não, meus amigos e companheiros. Não podem porque a partir deste momento sou eu quem vai perguntar a vocês. Devem-me várias respostas e a partir de agora vou esperá-las para esclarecer algumas dúvidas dos participantes desse nosso grupo. É chegada a hora dos alunos ensinarem ao *professor*! – disse a sorrir perante a incompreensão dos presentes. – Como é? Posso perguntar? Estou sedento de explicações!

Os espíritos desencarnados se entreolhavam sem entender muito bem as colocações do seu orientador quando surgiu a primeira pergunta:

– A primeira é muito fácil! Por que Ritinha nasceu com essa deformidade no seu corpo que mais parecia um parafuso, como dizia a mãe que a rejeitara desde o nascimento?

Ficaram na dúvida em quem iria responder ao instrutor até que um deles, timidamente, respondeu:

– Marcelle que foi uma das reencarnações de Ritinha levava os denunciados na Idade Média à tortura nos aparelhos da *torre da verdade*, para utilizar a expressão dela própria. Via os corpos serem retorcidos e fixou em sua mente esse fato. Nessa existência voltou com esse defeito que impôs aos seus perseguidos daquele tempo para se redimir perante a própria consciência.

– Quase isso! – respondeu irmão Virgílio. – Lembram-se de que ela foi torturada por Alexandre após desencarnar na dimensão espiritual em aparelhos semelhantes aos utilizados na chamada *torre da verdade*? Pois, então! Essas deformidades se fixaram em seu perispírito e após várias tentativas frustradas de se acertar com Alexandre em existências posteriores àquela na Idade Média, acabou aceitando essa atual reencarnação com essa deficiência como um mecanismo de aliviar a própria consciência. Padeceu no corpo deformado o que suas vítimas do passado experimentaram com tal deformidade imposta a elas nos aparelhos daquele local de torturas onde obtinham a confissão dos considerados hereges até que a morte os libertasse em vibrações de ódio muito grande contra Leonardo e Marcelle.

"Quando não retornamos ao rebanho do Pastor por amor, voltamos pela dor. A partir dessa sua última estadia na Terra no corpo com essa deformidade, Marcelle se libertou de uma parcela de culpa da sua existência anterior vivida naquele período da história da humanidade."

Esperou um pouco enquanto os aprendizes trocavam ideias e observações e continuou:

– Quem poderá me dizer por onde andará Georgete, a irmã de Marcelle? Estou curioso! – disse a sorrir irmão Virgílio. – Essa pergunta também é muito fácil! – arrematou.

Não demoraram a responder:

– Acreditamos que ela seja a dona Cândida! Ela abraçou a neta com tanto amor e desprendimento como tentou Georgete auxiliar a sua irmã Marcelle quando ela se apavorava com as visões do espírito Alexandre que passou a obsidiá-la após a sua morte na *torre da verdade*.

– Muito bem, companheiros. Vejo com alegria que acompanharam bem o desenrolar do drama e dos nossos estudos! Dona Cândida, a reencarnação de Georgete, envolveu com amor a irmã Marcelle na atual existência como procurava protegê-la na época medieval dos ataques de Alexandre. A afinidade entre as duas foi se fortalecendo durante os séculos que se passaram desde aquele tempo e atingiu a força e a renúncia desse amor capaz de amparar Marcelle na atual existência como sua neta Ritinha.

Esperou mais um pouco observando a satisfação dos componentes do grupo e voltou a perguntar:

– Quem seria Afonso, o marido que agrediu tão brutalmente a sua esposa, a nossa irmã Cândida?

Pensaram um pouco, dialogaram entre si e um deles se apresentou para responder:

– Afonso é a reencarnação de Alexandre, que continuou a detestar as pessoas que o agrediram na Idade Média. Como dona Cândida era a reencarnação de Georgete, ele se aproveitou para se vingar dela obrigando-a a sentar-se numa bacia com água fervendo destruindo-a como mulher.

Irmão Virgílio fez um suspense antes de responder.

– Erraram! Afonso é sim um dos torturados naquele local por denúncia de Marcelle junto ao *Tribunal*. Como Georgete era irmã da denunciante responsável pelas mortes de várias pessoas, entre elas estava o espírito com o nome de Afonso que nessa reencarnação casou-se com ela. Ele mantinha um ódio profundo contra Marcelle e Georgete por tudo o que sofreu nos aparelhos de tortura. Esse ódio ainda não resolvido transbordou nas atitudes exteriores assim que teve a oportunidade causando a lamentável agressão contra a nossa irmã Cândida. Mas ele não é a reencarnação de Alexandre.

– Mas, irmão Virgílio, Afonso não amava dona Cândida quando a pediu em casamento? Não tinha um ciúme doentio dela? Como podia odiá-la?

– O ciúme não é e jamais será prova de amor! O ciúme é um desequilíbrio interior pela falta de segurança em si mesmo, meu filho. Afonso não amava a jovem Cândida. Na verdade ela significava um bom partido financeiramente falando porque se tratava de filha única com herança considerável.

"Seria uma maneira, inconscientemente falando, de Afonso reaver o que o *Tribunal* lhe tomara por denúncia de Marcelle. O ciúme, se esmiuçado em todos os detalhes, revelaria sua origem na grande mágoa e no ódio ainda não extintos pela força do amor entre Georgete, a atual Cândida, e uma das vítimas de Marcelle na figura do seu atual marido, Afonso. O quebra-cabeça da vida não deixa que nenhuma de suas *peças* se perca, meus companheiros."

Aguardou da mesma maneira que os aprendizes trocassem ideias sobre a revelação e voltou a indagar:

– Quem seria Rosimeire, a mãe de Ritinha?

– Alexandre! – responderam prontamente. – Apesar de estar em um corpo feminino. Acertamos?

– Também não. Rosimeire, à semelhança de Afonso, foi outra das vítimas do lamentável *Tribunal* que não conseguiu ainda a reconciliação com a antiga Marcelle. Ela nasceu de Rosimeire exatamente como nova tentativa de reconciliação entre elas. Se a mãe não tivesse rejeitado a filha defeituosa, seria consagrada a vitória do bem e do perdão, mas uma vez mais o ódio predominou, infelizmente. Ao ver a filha deformada não titubeou em rejeitá-la.

"Vejam como a extinção do mal demanda tempo e impõe sofrimentos! O dia em que entendermos essa realidade, seja como encarnados ou desencarnados, nos tornaremos grandes batalhadores pela vitória do bem, da harmonia e da paz em nossos relacionamentos. Alimentamos grandes incêndios por pequenas fagulhas nos momentos de ira! Reconciliar com os inimigos! Como é sábio Jesus!

– O moço José, como está envolvido nesse drama, irmão Virgílio? – perguntou um deles.

– Nosso respeitável irmão está envolvido com o bem de todas as criaturas que cruzarem o seu caminho. Será sempre aquela pausa abençoada para o viajor cansado do caminho evolutivo. Não tem nenhum comprometimento com as personagens desse drama que temos acompanhado.

Aguardou mais um pouco e colocou:

– Agora, o grande *finale*! Quero ver quem irá receber uma nota dez! Onde está o nosso Alexandre?

Silêncio no grupo. Apenas um sussurro para troca de ideias.

– Irmão Virgílio, não pode ser quem estamos pensando! Não pode!

– Meu filho, *há mais segredos entre o céu e a Terra do que supõe a nossa vã filosofia*, não é assim?

– Mas não é possível o que estamos pensando! – retrucou aquele que falava pelo grupo.

– Diga! Só saberemos se acertaram se responderem onde está Alexandre.

– Alexandre é o padre João! – respondeu meio vacilante o porta-voz do grupo.

– Exatamente! Como são belos os planos de Deus! Como Marcelle e Alexandre não conseguiram se redimir diante da própria consciência em várias posições em que se reencontraram em grupamentos familiares, determinaram as Leis que ele na posição de um religioso que honrou a sua batina, auxiliasse a Ritinha que era exatamente Marcelle reencarnada.

– Mas, irmão Virgílio, Alexandre foi entregue como herege exatamente por professar ideias contrárias à religião católica! Como reencarnou como padre? Não parece um contrassenso?

– Meus companheiros, a verdadeira religião é a do amor ao semelhante, conforme nos ensinou Jesus com os seus exemplos magníficos. O espírito que deseja a sua redenção para entrar na posse da paz de sua consciência, ignora os obstáculos que o mundo possa lhe oferecer na sua jornada evolutiva.

"Quantos encarnados não fazem esforços gigantescos para adquirir valores materiais que ficarão na Terra? Imaginem do que não será capaz o espírito despertado para a aquisição dos tesouros perenes que os ladrões não roubam e a traça não consome?

"Alexandre, através dos vários sofrimentos que experimentou, chegou a essa consciência e a tudo se dispôs para enriquecer-se espiritualmente falando.

"Quem se predispõe ao amor ao próximo por amar a si mesmo, se coloca acima das barreiras religiosas que o mundo estabelece. Ao ser esclarecido na dimensão espiritual da existência da necessidade da reconciliação com Marcelle, Alexandre se dispôs a aceitar os planos a ele apresentados.

"Como já dissemos anteriormente, o ódio desgasta e consome aquele que odeia. Quem cultiva o ódio agride mais a si mesmo do que ao adversário! Quem odeia a alguém, odeia e desconsidera mais a si mesmo!

"Quem verdadeiramente se ama, impede que o ódio nele exista, seja porque motivo for. Alexandre cansou de tanto sofrer nas tentativas de levar o sofrimento a Marcelle. Sempre saía desses embates durante as reencarnações que vivenciou depois da Idade Média mais infeliz do que entrava. Cansou de sofrer ao tentar levar o sofrimento a ela.

"E tem outro aspecto importante a considerar: na posição de religioso católico, pôde sentir e compreender que toda religião ensina o amor ao próximo. Nós é que deturpamos os ensinamentos que se resumem em amar a Deus sobre todas as coisas e ao próximo como a nós mesmos.

"Desvestiu-se do preconceito contra a religião que na Idade Média, por má interpretação de alguns de seus componentes, impôs grandes sofrimentos ao próximo em nome de um Deus que é amor!

"Nenhuma religião pode ser responsabilizada e condenada por erros de seus fiéis. Onde existir o ser humano, existe a possibilidade de erros nas interpretações dos fatos. Alexandre pôde vivenciar essa realidade com a vida ilibada que teve como padre católico a serviço de Deus e de Jesus.

"Não há contrassenso algum quando a vaidade cede lugar para a humildade e o orgulho desocupa espaço para a vivência do amor. Ao arrepender-se do passado de enganos e ter sido trabalhado pela dor de maneira constante, acenou a Deus pedindo uma nova oportunidade de ser feliz e readquirir a paz, abandonando o ódio e abraçando o amor. Essa lição deve calar profundamente em todos nós!

"Só o amor é capaz de romper com os **elos de ódio** que nos mantêm refém da dor!"

PADRE JOÃO DAVA suas bênçãos à jovem que deixava seu cativeiro e José sorria em meio às suas lágrimas por poder a tudo assistir: o que se passava na dimensão espiritual da vida sob a Misericórdia e Bondade de Deus.

Rompera-se, finalmente, para Alexandre e Marcelle os **elos de ódio** que os mantiveram distantes da paz e da felicidade para as quais todas as criaturas de Deus foram criadas!

Ricardo Orestes Forni
Tupã, inverno de 2016.

FIM

VOCÊ PRECISA CONHECER

O amor prossegue
Ricardo Orestes Forni
Romance espírita • 16x22,5 cm • 264 pp.

Aqueles que se amam continuam a nutrir o mesmo sentimento quando deixam a Terra. Neste romance veremos que o amor clama sempre pela oportunidade de envolver e beneficiar o ser amado, não importando a barreira vibratória que nos impede de ver e tocar para poder acreditar. Confiemos! *O amor prossegue!*

Getúlio Vargas em dois mundos
Wanda A. Canutti • Eça de Queirós (espírito)
Romance mediúnico • 16x22,5 cm • 344 pp.

Getúlio Vargas realmente suicidou-se? Como foi sua recepção no mundo espiritual? Qual o conteúdo da nova carta à nação, escrita após sua desencarnação? Saiba as respostas para estas e outras perguntas, agora em uma nova edição, com nova capa, novo formato e novo projeto gráfico.

A vingança do judeu
Vera Kryzhanovskaia • J. W. Rochester (espírito)
Romance mediúnico • 16x22,5 cm • 424 pp.

O clássico romance de Rochester agora pela EME, com nova tradução, retrata em cativante história de amor e ódio, os terríveis fatos causados pelos preconceitos de raça, classe social e fortuna e mostra ao leitor a influência benéfica exercida pelo espiritismo sobre a sociedade.

Não encontrando os livros da **EME** na livraria de sua preferência, solicite o endereço de nosso distribuidor mais próximo de você através de
Fones: (19) 3491-7000 | 3491-5449 | (claro) 9 9317-2800 | (vivo) 9 9983-2575
E-mail: vendas@editoraeme.com.br | Site: www.editoraeme.com.br